Magische Zeit

Uschi Zietsch

Geboren 1961 in München, publiziert seit 1986 in vielen verschiedenen Genres, ist als Susan Schwartz Teamautorin bei *Perry Rhodan*, gibt Schreibseminare, arbeitet zudem als Lektorin und Coach und ab und zu als Moderatorin sowie Stand-up-Comedian im Duo Außer&Irdisch.

Bei Fabylon sind u.a. erschienen:
Unerwartete Begegnungen (Werkausgabe 1)
Anderwelten (Werkausgabe 2)
Elfenzeit
Die Chroniken von Waldsee
Das Reich Albalon
www.uschizietsch.de

Uschi Zietsch

Magische Zeit

Anthologie • Werkausgabe 3

Fabylon

Dieser Titel ist auch als fabEbook erschienen.

Umschlaggestaltung: Madeleine Hirdt, Cover: Art Tower
Satzlayout: Stefan Friedrich, Garching
Herstellung: booksfactory
Perry Rhodan ist eine Marke der Bauer Media Group
ISBN 978-3-946773-51-1

www.fabylon.de

Vorwort

Ein magisches Willkommen zum dritten und letzten Teil der Werkausgabe!

Diesmal, passend zu dieser Jahreszeit, habe ich einige Weihnachtsgeschichten versammelt, Schauergeschichten und Unheimliches. Als Zugaben sind zwei PERRY-RHODAN-Geschichten dabei - eine davon ein Weihnachtsstück - und zwei Kindergeschichten, die auf ihre Art auch dazu passen und das Bild abrunden, wie ich finde.
Erklärungen dazu gibt es wie immer im Anhang.

Damit ist mein Fundus an bunten Sammelsurien auch schon mit euch allen geteilt, geneigte Leser. Es war eine abwechslungsreiche Reise durch viele Welten.

Ich wünsche noch einmal viel Lesespaß!

Markt Rettenbach, Oktober 2024

Inhalt

DER CHINESISCHE WEIHNACHTSMANN

Um halb vier nachmittags entschloss Johnny sich zu einer Glühweinpause. Er war schon seit fünf Uhr früh unterwegs und brauchte jetzt einen Herzwärmer. Ganz München war festlich beleuchtet, an jeder U-Bahn-Haltestelle gab es mindestens zwei kleine Buden mit Glühwein, Lebkuchen und Maroni; an größeren Plätzen wurden die Stände zahlreicher und wuchsen sich zu winzigen Weihnachtsmärkten aus. *Weihnachten, das Fest der Liebe, wie man so sagt,* dachte sich Johnny. Nur wenige Fahrgäste hatte er bis jetzt gehabt, jedes Mal für ein lächerliches Kleingeld. Alle waren schlecht gelaunt gewesen, müde, ungesprächig. Johnny war an sich auch kein besonders fröhlicher Mensch, aber diese niedergedrückte Stimmung machte ihm allmählich zu schaffen. Wenn es so weiterging, würde es für ihn ein noch traurigeres Weihnachten werden, als er es sich vorgestellt hatte. Bisher würde es nicht zu einem opulenten Festessen reichen. Denn er hatte zwei Prinzipien: niemals mehr als eine Straße Umweg, und niemals einen Fahrgast bei der Abrechnung bescheißen, und wenn der noch so betrunken war. Johnny konnte sich keine Auffälligkeit leisten. Er war im Hauptberuf Taschendieb gewesen, und das bis vor wenigen Monaten.

Das Taxi und den Schein hatte er sich jahrelang aus seinem Haupterwerb zusammengespart. Also die Anzahlung fürs Taxi; die Leasingraten musste er noch monatlich aufbringen. Johnny war ohne sonstigen Abschluss, und er wollte seine ehrliche Existenz, die er gerade mühsam aufbaute, nicht aufs Spiel setzen. Er wusste selbst nicht, weshalb er es so wichtig fand, einen ehrlichen Beruf zu haben, wenn es doch viel leichter gehen könnte.

Vielleicht, weil er seit seiner Jugendzeit aus dem Scherbenviertel am Stadtrand ausbrechen wollte und eher eine Chance bekommen konnte, wenn er einen einigermaßen anständigen Lebenslauf vorzuweisen hatte. Eine andere Möglichkeit sah er nicht, denn ohne Hauptschule nahmen sie ihn nirgends als Lehrling, und als Spüler lebte er erst recht von der Hand in den Mund.

Für große krumme Sachen war er nicht geschaffen, und die kleinen krummen Sachen hatte er aus Not unternommen, mit dem festen Vorsatz, das Geld zu etwas Gutem zu verwenden: Sein künftiges Leben als ehrlicher Mann.

Immerhin hatte ihn sein Grundsatz, sich nicht selbst zu überschätzen, noch nie in Polizeihände gebracht, und das war einzigartig im ganzen Viertel. Er war Einzelgänger, aber die anderen respektierten ihn, weil er nicht registriert war, und kamen ihm nie zu nahe.

Genug gegrübelt, dachte er und parkte den Wagen halb auf dem Gehsteig. *Blödes Weihnachten. Es macht mich total sentimental, und was habe ich davon? Frust und einen leeren Tisch. Also muss jetzt Glühwein her, sonst fang ich noch an zu heulen.*

Er stiefelte auf die Buden zu; diesen kleinen Markt kannte er schon von früheren Fahrten her, und er wusste genau, wo es den stärksten und billigsten Glühwein gab: ganz außen, fast im Dunkel, wo ein normaler Mensch schon gar nicht mehr hinging. Da er kein normaler Mensch war, gehörte er genau da hin.

Die schummrige Beleuchtung passte zu seiner seltsamen Stimmung. Der starke, mit Zimt, Orangen und Nelken durchsetzte Weinduft umnebelte schon auf die Entfernung seinen Verstand, und zum ersten Mal an diesem Tag ließ er sich treiben, befreit und zufrieden, als er unversehens über zwei Füße stolperte und, verzweifelt mit den Händen rudernd, mit der Stirn an einen Lichtmast stieß und langsam daran hinabrutschte.

Verwirrt rappelte er sich hoch, schüttelte den Kopf, um sein Gehirn wieder in die richtige Lage zu bringen, und drehte sich um. Auf der Bordsteinkante saß erbärmlich frierend ein kleines, hutzliges altes Männlein in langen weißen Unterhosen, einem zerfledderten weißen Unterhemd und handgestrickten grauen Socken. Das Gesichtchen verschwand fast hinter einem spitz zulaufenden langen weißen Bart, und filzartige weiße Haare, die bestimmt schon lang keinen Kamm mehr gesehen hatten, standen ihm wirr um den Kopf.

»He, Alterchen«, stieß Johnny keuchend hervor und rieb seine immer noch schmerzende Stirn. »Meinst du, dass das der richtige Aufzug für so ein kaltes Winterwetter ist?«

»Bitte«, flüsterte das Männlein. »M-m-mir ist so k-k-alt.«

»Wart mal«, erwiderte Johnny, »bin gleich wieder da.« Er ging rasch zu der Glühweinbude und kehrte mit zwei dampfenden Bechern zurück. Er setzte sich neben den halb erfrorenen Greis und hielt ihm den Becher an den Mund. »Komm, ich helf dir, mit deinen zitternden Händen verschüttest du nur alles ... ganz vorsichtig nippen, das Zeug ist verflucht heiß ...«

Der Alte nippte folgsam, stieß ein glucksendes Geräusch aus, umschloss den Becher fest mit beiden Händen und kippte den heißen Glühwein in einem Zug hinunter. Musste Lederhaut statt Speiseröhre haben. Sogleich huschte Farbe über sein leichenblasses Gesicht, Nasenspitze und Wangen wurden rot, und er kicherte leise. Ehe Johnny es verhindern konnte, packte er den zweiten Becher und trank auch ihn leer.

»He«, machte das Männlein. »Dass·Zeugs schmecks aber gutt, dass.«

»Na, wohl bekomm's«, meinte Johnny irritiert und starrte auf seine leeren Hände.

»Hups!«, antwortete der Greis. »Jetz' is' mir warm ... und lussig im Kopf ...«

»Wenigstens einer ...«, sagte Johnny mehr für sich und wieder ein wenig traurig. Schließlich hatte er auch noch keinen Glühwein bekommen. Er riss sich zusammen, zwang sich zu einem Lächeln und sah den Alten an. »Und jetzt erzähl mir mal, wie du zu diesem Aufzug kommst.«

Der Alte richtete zwei pechschwarze glänzende Augen auf ihn. »Ich bin beraubt worden!«, erklärte er ziemlich klar, das R seltsam rollend. Nur zwischendrin hickste er leise. »Kannst du dir das vorstellen, Jungchen? Schlitten, Geschenke, Kleider ... alles weg!«

»Was!«, rief Johnny. »Warst du schon bei der Polizei?«

Der Alte sah an sich hinunter. »In Unterhosen? Die sperren mich doch gleich ein. Außerdem war mir so kalt, dass ich mich nicht mehr rühren konnte.«

»Na ja, das stimmt ... komisch siehst du schon aus ... hör mal, wo wohnst du? Ich bin Taxifahrer, und ich kann dich ...«

»Nein, Jungchen, ich muss den Schlitten wiederfinden«, plapperte der Greis weiter, ohne auf ihn zu achten, »ich hab einen Auftrag ... es ist ohnehin schon so spät ... ich bin doch der Weihnachtsmann ...«

»Alterchen, was erzählst du da? Du bist doch Chinese.«

»Na und? Was dagegen? Bist du Rassist? Wer sagt, dass der Weihnachtsmann Weißer sein soll?«

»Zum Beispiel meine Oma. Da war ich drei, ich weiß es noch ganz genau, und sie hat's mir erzählt. Und in allen Büchern kannst du's lesen, dass der Sankt Nikolaus weiß ist und der Krampus dunkel und finster.«

»Ich bin doch nicht der!«, entrüstete sich das Männlein. »Ich komme aus Amerika!«

»Von Coca-Cola?«

»So in der Art.«

»Der ist aber auch weiß, und du bist immer noch Chinese.«

»Ich bin Amerikaner!«

Der spinnt, dachte Johnny. *Bestimmt ist er aus irgendeiner Klinik ausgebrochen. Vielleicht ist er sogar gemeingefährlich und sein Aussehen täuscht. Ich sollte abhauen.* »Wieso sollte ausgerechnet der Weihnachtsmann bestohlen werden?« versuchte er es mit vernünftigen Argumenten. »Du bist doch ein himmlisches Geschöpf, dir kann kein Mensch was antun, ob Weißer oder nicht.«

»Und doch ist es passiert«, klagte das Männlein. »Ein Schlag auf den Kopf, und alles war weg! Hick!« Es schielte vertrauensvoll zu Johnny hinauf. »Gibt's noch was von diesem märchenhaften Getränk, mein Freund?«

»Ich denke, du hast genug.«

»Bitte. Mir wird schon wieder so schrecklich kalt. Mir war noch nie im Leben kalt, und das ist sehr lang ...«

»Das ist Glühwein, Alterchen. A-l-k-o-h-o-l.«

»*Das* ist Alkohol?«, flüsterte der chinesische Weihnachtsmann und verdrehte verzückt und berauscht die Augen. »Was habe ich versäumt ...«

Ach, was soll's, dachte Johnny. *Ich spiele seinen Vormund, einfach lachhaft. Warum soll der kleine Alte nicht auch mal was Schönes haben, verrückt oder nicht. Man macht sich das Leben immer so unnötig schwer.*

Er ging zum Taxi und holte seinen Mantel, in den er den Alten einwickelte. »Einen Moment, Opa. Ich hole dir noch Glühwein.«

»Du kannst mich Niki nennen«, sagte der Alte behutsam und unschuldig.

Aber klar doch. »Und ich bin Johnny«, erwiderte der Jüngere und ging zu der Bude. Er kam bald zurück, reichte dem Alten einen Becher und prostete ihm zu. Sein Becher war natürlich alkoholfrei, mehr Risiko wollte er nicht eingehen. Bei Taxifahrern wurden oft Augen zugedrückt, beim Parken, zu schnell fahren - aber bei Alkohol hörte die Kameradschaft auf.

Der Chinese trank diesmal in kleinen Schlucken, blühte dabei zusehends auf und wurde immer rosiger und fröhlicher. Er stupste Johnnys Knie an und neigte sich ihm zutraulich zu. »Was hältst du denn von Weihnachten?«, fragte er im Verschwörerton.

»Nichts«, erwiderte Johnny. »Blödsinn. Als wenn ich jemanden nur zu Weihnachten lieb zu haben brauchte und ihn anschließend das restliche Jahr verprügle. Kommerz, bah.«

»Früher war's was anderes ...«

»Ach, hör doch auf! War es nicht! Einmal im Jahr konnten sich diese armen Schweine satt essen, wenn sie eine Gratifikation bekamen! Umgekehrt wär's besser gewesen!«

»Lieber einmal im Jahr als nie ... oder glaubst du, damals waren sie unglücklich an Weihnachten?«

»Nicht mehr und nicht weniger als heute auch. Wer's im Herzen hat, war damals wie heute glücklich, wer nicht, na, der nicht. Und die Armen haben keinen Grund zum Glücklichsein, die hatten damals wie heute nichts. Diese Tage erinnern sie nur noch mehr daran.«

Der Alte schwieg einen Augenblick verblüfft. »Es kann doch ein Ansporn sein ...«, sagte er vorsichtig. »Damals wurde die Hoffnung geboren ...«

»... und gekreuzigt!«, rief Johnny. »Glaubst du, dass er glücklich darüber war?«

»Darüber steht mir kein Urteil zu. Ich bin nur der Weihnachtsmann, und ich beschenke die Leute. Schenkst du denn nicht gerne?«

»Wenn ich jemanden hätte, schon«, gab Johnny zu. »Ich hab aber niemanden. Könnt' mir ohnehin nichts leisten. Zu Weihnachten ist alles dreimal so teuer wie sonst. Ich muss zusehen, dass ich die Miete und die Leasingrate zusammenbringe. Und was soll's auch? Die Reichen beschenken sich reich, die Armen arm. Es ist so wie immer. Von wegen Besinnlichkeit, stille Zeit … hat doch gar keiner *Zeit* dazu. Jeder muss Geld verdienen, da kann man nicht nachdenklich sein. Die Eltern rödeln wie die Wahnsinnigen, um alles schön zu machen … und im Familienkreis gibt's dann Krach. Der Baum steht schief, die Christbaumkugel gehört dorthin, nicht dahin, Mami, ich will meine Geschenke, Papi, die Eisenbahn gehört mir, und all so was. Meine Oma ist gestorben, als ich vier war, Eltern hab ich nie gehabt. Ich bin im Waisenhaus aufgewachsen. Weißt du, was es da Weihnachten gab? Eine Portion Extra-Prügel.«

»Und der Weihnachtsmann?«

»Ja, verdammt, wo warst du? Wo warst du, als ich dich brauchte und mich in den Schlaf weinte vor Kummer und Einsamkeit? Ach, hör auf mit dem Quatsch. Der Nikolaus oder das Christkind oder der Weihnachtsmann sind Märchen wie der Schwarze Mann. Ein *Schmarrn!*«

»Dann hältst du mich wohl für einen Schwindler?« fistelte der kleine Mann traurig.

Johnny seufzte. »Alterchen, du bist reizend, aber wie der Weihnachtsmann siehst du wahrhaftig nicht aus und du wirkst auch nicht so. Abgesehen von den roten Wangen und der roten Nasenspitze vom Glühwein hast du nichts, aber auch gar nichts von einem guten Weihnachtsgeist an dir! Und du lachst auch nicht dieses Ho-ho-ho!«

»Würdest du so lachen, wenn man dich all deiner Habe beraubt hätte?«

»Genau. Diese Geschichte mit dem Raub. Findest du nicht, dass das reichlich verrückt klingt?«

»Hupps«, machte der chinesische Weihnachtsmann. Sein Becher war leer. »Ja, schon. Wenn ich's mir recht überlege, klingt es ein bisschen merkwürdig. Aber ich kann's dir nicht beweisen, so leid es mir tut.«

»Na siehst du. Weißt du, bei all der Scheiße, die auf der ganzen Welt passiert – und vor allem mir –, glaube ich nicht mehr an Wunder.«

»Die Welt ist, wie sie ist. Der Mensch hat sie sich so geformt. Unserer Ansicht nach ist er volljährig und verantwortlich für das, was er tut. Sonst bräuchten wir ihm keinen Verstand zu geben. Aber Kleinigkeiten können wir tun. Ein bisschen Glück ...«

»Schon wieder dieses Glück!«, schnaubte Johnny. »Ich sag dir was, Opa. Ich bin vor fünfzehn Jahren aus dem Waisenhaus ausgerissen. Ich hab versucht, anständig zu leben, aber was denkst du, was ich alles so gehört habe auf meinen Touren, wie überall beschissen wird! Es regiert, wer sich Gerechtigkeit kaufen kann. Ja, trotzdem versuche ich jetzt wieder, eine ehrliche Haut zu werden, und du glaubst nicht, was mir da im Taxi alles zu Ohren kommt! Ich bin nicht wie die, und ich werde nie so sein, aber schönreden tu ich es auch nicht. Also lass mich mit diesen Plattitüden aus den amerikanischen Seifenopern in Ruh.«

»Aber ... vielleicht bin ich auch damals dagewesen, und du hast mich nicht erkannt ...«, sagte der Alte und nieste so heftig, dass es seinen kleinen mageren Körper durchschüttelte. »Ich glaub, ich bin erkältet«, schniefte er.

»Scheint mir auch so, Opa. Und verrückt bist du, aber ich hab dich gern. Auch wenn dein Gerede keinerlei Sinn ergibt.«

»Wunder sind Wunder. Wenn sie einen Sinn hätten oder erklärt werden könnten, wären es keine Wunder mehr. So einfach ist das.« Der chinesische Weihnachtsmann nieste wieder. Johnny kramte nach einem Taschentuch, und das Männlein putzte sich geräuschvoll die Nase.

»Du meinst, ich empfinde es als ein Wunder, dich hier ausgeraubt zu finden?«, meinte Johnny nachsichtig.

»Nein«, erwiderte der Chinese. »Aber ich. Und dieser Glühwein, der ist ebenfalls ein Wunder. Es ist bloß nie genug da ...« Er griff nach Johnnys Hand, die seinen Becher gehalten hatte, während er nieste, zog sie mitsamt Becher an seinen Mund, trank den ganzen Rest und bekam den nächsten Schluckauf.

»Ja, und ein chinesischer Weihnachtsmann ist auch sehr verwunderlich.« Johnny wusste nicht, warum er das alles mitmachte.

»Man tut, was man kann.« Der Alte kicherte leise. »Es macht Spaß.«

»Hör zu, ich bring dich jetzt nach Hause.«

»Ich habe eine viel bessere Idee. Du holst mir noch einen Wein und hilfst mir bei der Suche nach meinem Schlitten.«

Johnny seufzte. *Wahrscheinlich weiß er wirklich nicht mehr, aus welcher Klinik er entwischt ist. Ach, was soll's. Heute verdiene ich sowieso nichts mehr, und ich mag den kleinen Zausel wirklich, weiß der Teufel warum. Ich nehme ihn mit, vielleicht erkennt er unterwegs was wieder.* Er brachte dem alten Mann den vierten Glühwein, zog ihn hoch und transportierte ihn zu seinem Taxi. Der Chinese schwankte ziemlich, aber er war so leicht, dass Johnny ihn mühelos in den Wagen stopfen konnte.

»Eines musst du mir versprechen, Alterchen«, sagte er, während er in den Fond kletterte, »falls tatsächlich ein Fahrgast auftauchen sollte, bist du ganz still, ja? Laber bloß nichts von wegen Weihnachtsmann und so, sonst landen wir beide in der Klapse. Ich hab mir dieses Weihnachten so sehr eine gute Flasche Schampus, ein Büchschen Kaviar, Weißbrot und einen riesigen Schinken gewünscht, und ich werde die Hoffnung nicht aufgeben, dass es doch noch was wird.«

»Versprochen!«, quäkte der Greis, noch stärker das *R* rollend. »Du könntest doch ganz leicht an das Geld kommen, oder? Du bist doch ein Dieb?«

»Mann«, sagte Johnny genervt, »Mann, die Geschäfte bestehlen die Leute schon genug, und auf dieses Niveau bin ich wahrhaft noch nicht gesunken.«

Danach schwiegen beide, Johnny fuhr durch die Straßen, und sein seltsamer Begleiter schlürfte den Wein und summte eine leise, glückliche Weise.

»Ist es warm genug?«, fragte Johnny nach einiger Zeit nach hinten.

»Jungchen, solchen Komfort bin ich doch sonst nicht gewohnt. Ich fühle mich ausgezeichnet.«

»Na, prima.« Johnny schaltete das Autoradio an und pfiff leise vor sich hin. Der Chinese räusperte sich einmal, zweimal, dann begann er zu husten. Schließlich sagte er leise:

»Außer …

Johnny blickte in den Rückspiegel. »Was ist denn?«

»Es ist so eine furchtbar trockene Luft hier drin, da bekommt man schrecklichen Durst.«

»Ich halte bei der nächsten Tankstelle und hole dir eine Cola.«

»Willst du mich vergiften?«

»Ich denke, du hast Durst.«

Der Chinese hopste plötzlich von links nach rechts und deutete aufgeregt nach draußen. »Sieh mal, was für ein schöner Weihnachtsmarkt! Viel schöner als der erste! Jungchen, halt an, ich bitte dich!«

Johnny stoppte sofort und drehte sich um. »*Das* hast du also mit Durst gemeint. Warte hier, ich bin gleich zurück. Rühr dich bloß nicht vom Fleck!«

»Keine Bange!«, rief der Alte. »Draußen ist es viel zu kalt. Nun mach schon, ich verdurste.«

Johnny ging gleich zum ersten Kiosk, er wollte so rasch wie möglich wieder ein Auge auf den Alten haben. So unrecht hatte er damit gar nicht, denn als er zurückkam, war das Männlein, fest in Johnnys viel zu großen Mantel eingewickelt, ausgestiegen und diskutierte heftig mit einem anderen Mann.

»Was ist los?«, fragte Johnny atemlos.

»Ach, da sind Sie ja!«, wandte sich der fremde Mann zu ihm. »Wissen Sie, fürs Herumstehen werde ich nicht bezahlt. Kommen Sie schon, stellen Sie sich neben Ihren Freund, ich muss weiter.«

»Was …«, begann Johnny, während er sich folgsam neben den kleinen Chinesen stellte.

»Lächeln!«, rief der Mann.

Johnny öffnete den Mund zur nächsten Frage, doch da gab es einen fürchterlichen Blitz, und er schloss geblendet die Augen.

»Er sagt, es hält ewig!«, rief der Chinese glücklich und schüttelte Johnnys Arm. »Sieh doch nur!«

Johnny starrte auf ein Polaroid-Foto. »O Gott«, murmelte er. »Das willst du doch nicht behalten?«

»Es ist doch wunderschön!«, erwiderte der Chinese.

Der Fotograf streckte Johnny auffordernd die Hand hin, und er zahlte, immer noch auf das Foto starrend. Es zeigte Johnny mit einem ziemlich dümmlich-fragenden Gesichtsausdruck und den erschreckend breit grinsenden Chinesen neben ihm.

»Ist das dein voller Ernst?«, wiederholte er. »Du willst das behalten?«

»Jungchen, es ist die einzige Erinnerung, die ich mit meinen Augen betrachten kann, so oft ich nur will, nicht nur mit meinem Herzen. Diesen Tag werde ich nie vergessen, und wenn ich *nie* sage, dann hat das eine wahrhaft tragende Bedeutung bei einem ewigen Leben.«

»So«, sagte Johnny, während er die hintere Wagentür öffnete, »du meinst also, dass du ewig leben wirst?«

»So lange noch ein einziger Mensch auf Erden an mich glaubt, ja«, antwortete der chinesische Weihnachtsmann und kletterte umständlich ins Auto.

Johnny holte rasch die beiden Glühweinbecher, die er vorher auf der Motorhaube abgestellt hatte, und stieg ebenfalls ein. Er gab dem Chinesen den Becher und nickte ihm zu. »Ich werde diesen Tag bestimmt auch nicht so schnell wieder vergessen«, sagte er. »Umso mehr, wenn die Polizei mich erwischt. Dann bin ich meine Lizenz ein für alle Mal los.« Er hatte sich nämlich noch einen mit Alkohol gegönnt.

»Ach, keine Sorge«, gackerte der Alte. »Kauf dir ruhig echten Glühwein, nicht den komischen Kindertee. Denen wirst du nicht im mindesten auffallen. Schließlich brauche ich dich heute noch. Du musst mir bei der Suche nach meinem Schlitten helfen, weißt du noch?« Er streckte die Hand aus und nahm Johnny den halbleeren Becher aus der Hand. »Ich glaube, da kommt ein Fahrgast.«

Die Beifahrertür wurde aufgerissen, und ein Geschäftsmann steckte seinen Kopf herein. »Ist frei?«, knurrte er und deutete nach hinten.

»Steigen Sie nur ein«, forderte Johnny ihn freundlich auf.

Der Mann zögerte kurz und stieg dann ein, nannte brummig sein Ziel und starrte missmutig vor sich hin, während Johnny sich in den Verkehr einfädelte.

»Müssen Sie noch Geschenke einkaufen?«, erkundigte sich Johnny. »Wir können unterwegs noch halten, wenn Sie …«

»Ich bezahle fürs Fahren, nicht fürs Quatschen«, unterbrach ihn der Mann mürrisch. »Geschenke sind nicht meine Sache. Darf bloß das Geld dafür rausrücken.«

»Bestimmt ist es schon ganz gemütlich bei Ihnen«, unternahm Johnny noch einen Versuch. *Was rede ich da?,* fragte er sich erschrocken. *Jetzt werde ich auch noch verrückt.*

»Überflüssig, das Ganze«, sagte der Fahrgast grimmig.

»Überall Kerzen … ekelhaft. Stinkt nach Ruß, überall Wachs … hab's ihr oft genug gesagt, aber sie ist ja so sentimental …«

»Aim singing in se räin … dschast singing in se räin …«, sang der chinesische Weihnachtsmann leise im Hintergrund und schlürfte geräuschvoll den Glühwein, aus beiden Bechern abwechselnd.

»Was soll das? Ist der besoffen?«, rief der Mann.

»Ach, das ist bloß mein Onkel … Sie können ihn Niki nennen … er ist aus Amerika und zum ersten Mal hier …«, stammelte Johnny.

Der Mann schaute zuerst nach hinten und dann wieder zu Johnny.

»Sehr ähnlich sehen Sie ihm nicht«, sagte er misstrauisch.

»Oh … er ist nur entfernt verwandt, eine Seitenlinie«, erklärte Johnny eilig.

»Dlei Chinesen und ein Kontlabass …«, sang der Weihnachtsmann und nieste.

»Halten Sie sofort an! Ich will hier raus!«, schrie der Mann.

Johnny fuhr rechts an den Randstein, und der Mann sprang aus dem Wagen, stutzte und verharrte einen Moment.

Johnny drehte sich zu dem Alten um. »Du, wenn du mir noch mal eine Fahrt vermasselst, setz ich dich auf die Straße, ich schwör's!«

»Sch-scht!«, machte der kleine Chinese aufgeregt.

Der Fahrgast neigte sich wieder ins Innere des Wagens. »Ich habe tatsächlich etwas vergessen«, sagte er in ganz verändertem Tonfall. »Können Sie hier warten? Es soll Ihr Schaden nicht sein …« Er wartete keine Antwort ab und verschwand in dem Kaufhaus, vor dem Johnny zufällig gehalten hatte.

»Was hast du jetzt wieder gemacht?« schrie Johnny nach hinten.

Der Alte grinste fröhlich. »Ein Wunder, hick, warum?«

»Hör auf zu saufen, du Wurzelzwerg, das bekommt dir …«

»Ein Wunder für ein anderes!«, rief der chinesische Weihnachtsmann und lächelte so treuherzig, dass Johnny lachen musste.

Später, als der Geschäftsmann zu Hause angekommen war und Johnny reichlich entlohnt hatte, fuhr das Taxi die nächste größere U-Bahn-Haltestelle an.

»Möchtest du eine Tüte Maroni, Niki?«, fragte er.

»Darauf kannste wetten!« Der Greis lachte und hielt ihm die beiden leeren Becher hin. »Aber die sind ziemlich ausgetrocknet, oder?«

Johnny lachte jetzt auch aus vollem Hals. »Und du willst mir einreden, dass du noch nie im Leben Glühwein getrunken hast? Bei deiner Statur müsstest du allmählich schon eine Alkoholvergiftung haben!« Er holte eine Tüte Maroni, zwei Becher Glühwein und zwei große Lebkuchen, und es machte ihm nicht einmal etwas aus, dass der alte Chinese seine Sitzpolster mit Maronischalen und Lebkuchenresten vollkrümelte. »Weißt du, allmählich glaube ich, dass du so etwas wie ein Glücksbringer bist«, sagte er nachdenklich und trank einen Schluck. »Ich meine, so ein chinesischer Glückskeks oder so.«

»Ich bin kein Keks, du frecher Bub, sondern der Weihnachtsmann.«

»Dann eben ein Weihnachtsglückbringer. Nein, wirklich. So etwas wie mit dir habe ich noch nie erlebt.«

»Danke, gleichfalls. Ich wusste gar nicht, wie langweilig mein Leben bisher war.« Er grabschte nach Johnnys Becher, als der nächste Fahrgast einstieg, eine wohlbetuchte alte Dame.

Johnny hatte längst aufgehört, sich über sich selbst zu wundern, als er, sonst stets so schweigsam, auch die Dame freundlich anredete. Sie antwortete höflich, aber einsilbig. Als eine winzige Gesprächspause eintrat, begann der alte Chinese wieder ein Lied zu trällern, falsch und von Glucksern durchsetzt, aber es kam von Herzen.

Die Dame ignorierte ihn völlig und dirigierte Johnny mit leiser, wohlmodulierter Stimme in ein anderes Stadtviertel.

»Ich bin ein kleinel Splinginsfeld und ganz allein auf diesel Welt, weil niemand um mich ist«, deklamierte der Chinese hicksend.

Die Dame drehte sich zu ihm um. »Woher wissen Sie …«, begann sie, starrte dann Johnny an, als würde sie jetzt erst nach einem langen Schlaf erwachen. »Drehen Sie um, schnell«, sagte sie. »Ich will woandershin.«

»Ist das auch wieder eins deiner Wunder?«, fragte Johnny danach. Auch diesmal war er fürstlich bezahlt worden; noch während die ältere Dame ausstieg, kam eine junge Frau aus einem der Häuser herausgelaufen und umarmte sie stürmisch und unter Tränen.

»Jungchen, ich will dir doch nur zu deinem Weihnachtsessen verhelfen«, erwiderte der Chinese. »Jeder Mensch hat so einen Tag im Leben, und heute ist eben der deine gekommen.«

»Du meinst, du ziehst den Leuten das Geld aus der Tasche?«

»Was denn sonst? Es ist alles Kommerz, wie du sagtest, Geld regiert die Welt. Und damit du kein schlechtes Gewissen bekommst, erledige ich das. Wenn dabei noch ein bisschen was für die anderen abfällt, desto besser.«

»Alterchen, allmählich machst du mir Angst.«

»Kleiner, jeder lebt irgendwie auf Kosten der anderen. Ich hab bisher sehr gut auf deine Kosten gelebt. Wenn du jetzt noch meinen Schlitten findest, wird dir mein Dank ewig nachschleichen. Amen.« Er stopfte die leeren Becher in den Aschenbecher an der Tür, lehnte sich zurück und begann geräuschvoll zu schnarchen.

Bis Mitternacht fand Johnny noch einige sehr spendable Fahrgäste; der alte Chinese hatte mittlerweile noch drei Glühweine und vier Tüten Maroni verspeist, er war inzwischen sehr betrunken und sehr fröhlich. Sein Schlaf war nur kurz gewesen und hatte ihn zu weiteren Gesängen inspiriert, und ab jetzt misstönend und laut von Johnny begleitet. Das fidele Taxi kurvte kreuz und quer durch München, von einem Ende zum anderen, und wenn Johnny zwischendrin nach seiner prallen Geldtasche griff, wurde ihm ganz warm ums Herz.

Zum ersten Mal würde er so viel einkaufen, wie er tragen konnte, nur mit ehrlich verdientem Geld. Allmählich lenkte er den Wagen zum Stadtrand, als er an einem hell erleuchteten alten Haus vorüberkam, in einer Straße, die er seit fünfzehn Jahren nicht mehr betreten hatte. Unwillkürlich hielt er an. Schaute auf die Geldtasche und wieder auf das Haus. Drei-, viermal. *Ach, verdammt.* Er griff nach der Tasche, stieg aus und ging in das alte Haus.

Kurz darauf kam er mit leeren Händen wieder heraus, schlug den Jackenkragen hoch und lief händereibend zum Auto.

»Es ist verflixt kalt geworden«, schnaufte er und drehte sich zu dem Chinesen um. »Alterchen, ich weiß nicht, wer du bist, aber ob ich mir das je verzeihen kann ...«

Der kleine alte Mann hörte ihm gar nicht zu, er starrte angestrengt aus dem Fenster. »Jungchen, hier war ich schon«, flüsterte er. »Führt die Straße da hinten in den Wald?«

»Ja.« Johnny fühlte sich wie betäubt, mechanisch legte er den ersten Gang ein und fuhr langsam an.

»Jetzt rechts!«, rief der Alte, als sie die Stadtgrenze erreichten, und deutete auf einen Feldweg. Johnny gehorchte wie im Traum.

»Da ist er ja!«, schrie der chinesische Weihnachtsmann, und wahrhaftig, ein paar Meter nach der Hauptstraße, auf einer Lichtung, stand ein riesiger Schlitten in Rot und Gold mit zehn Rentieren davor.

Johnny würgte den Motor ab und beugte sich nach vorn. Er war ganz blass geworden. »Jetzt bin ich wirklich verrückt«, hauchte er.

»Komm, Kleiner, schau's dir an!«, rief der Alte glücklich, quetschte sich aus dem Wagen und lief schwankend auf seinen Schlitten zu. Die leuchtenden Rentiere drehten schnaubend die Köpfe zu ihm, die Glöckchen am Zaumzeug klingelten zauberisch.

»Meine Kinder! Sie haben sich befreit! Und sind wieder hierher …« Der alte Mann drückte sein Gesicht in das weiche Fell seiner Tiere, weinend vor Freude.

»Aber … aber die Geschenke …«, sagte Johnny leise, der langsam gefolgt war. »Sie sind weg …«

»Nicht doch«, erwiderte der chinesische Weihnachtsmann. »Nur meine Kleidung ist weg. Wenn es dir recht ist, behalte ich deinen Mantel. Erstens sehe ich nicht ganz so lächerlich aus, und zum zweiten erfriere ich ohne.«

»Na klar …«, sagte Johnny verständnislos. »Aber die Geschenke …«

»Was hast du nur immer mit den Geschenken? Sie sind doch ordentlich verteilt worden. *Du* hast sie verteilt, mein Junge. Alle bis auf eines, und das erledige ich selber. Hast du denn immer noch nicht begriffen? Du warst mein Gehilfe. Ohne dich wäre es für einige ein sehr trauriges Weihnachten geworden. Vielleicht sollte ich nächstes Jahr doch wieder das vertraute Aussehen annehmen, und der Schlitten ist auch ziemlich altmodisch. Ein Taxi ist schon weitaus komfortabler. Nun, für Erfahrungen ist man nie zu alt.«

»Neinnein«, stotterte Johnny.

»Leb wohl, Jungchen, hick«, sagte der chinesische Weihnachtsmann und stieg mühsam auf den Schlitten. »Oje«, murmelte er, als er endlich oben saß. »In meinem Kopf dreht sich alles … eins von den Wein… hicks … Weinchen war bestimmt schlecht …«

Johnny brachte kein Wort mehr heraus, stumm winkte er dem Schlitten nach und begann irgendwann zu weinen.

So ein verrückter Traum, dachte Johnny am anderen Morgen, *dass Glühwein solchen Schaden anrichten kann …*

Schlaftrunken kroch er aus dem Bett und stieß einen erschrockenen Schrei aus, als er über einen riesigen Karton fiel. Er konnte sich nicht erinnern, dass der gestern Abend schon dagestanden hatte.

»Oh-oh«, stieß er verzweifelt hervor, sein Gesicht war leichenblass, und die Hände zitterten, als er den Deckel langsam anhob.

Inmitten von Holzwolle lagen ein riesiger Schinken, eine Dose Kaviar, Lachs, Champagner, Butter und Weißbrot und noch ein paar Dinge. Ein Umschlag war dabei, den Johnny sogleich aufriss. Das fürchterliche Polaroid-Foto und eine Karte fielen heraus.

Guten Appetit, Junge. Halt den Glühwein bis nächstes Jahr warm. Nick.

DIE EINTAUSENDNEUNHUNDERTNEUNUND-NEUNZIGSTE WEIHNACHT

In jenem Jahr, als der Weihnachtsmann den Unfall baute, musste Frau Weihnachtsmann das erste Mal in Aktion treten. Ihr könnt euch vorstellen, dass sie nicht im geringsten erfreut darüber war, da sie selbst alle Hände voll zu tun hatte mit dem Backen von Lebkuchen und Plätzchen und der Überwachung der Spielwarenproduktion. Wenn sie nämlich nicht überall und ständig aufpasste, ging es drunter und drüber, weil ihr lieber Ehepartner wie so viele Männer ein bisschen zu nachlässig und ein bisschen zu gutmütig mit dem Personal war.

Es half nichts, es war nun einmal geschehen. Dabei hatte sie ihn noch gewarnt, aber wer hört schon auf die Stimme der Vernunft.

Herr Weihnachtsmann hatte sich seit langem einen AC COBRA gewünscht, jenes Auto, für das man Haare auf der Brust brauchte; und dieses Jahr fand er's an der Zeit, sich einen zu schenken. Seit so vielen Jahren versah er nun seinen Dienst. In all diesen Jahren hatte er seine Aufgabe bestmöglich erfüllt, und nun, zur eintausendneunhundertneunundneunzigsten Weihnacht, war es nur recht und billig, wenn auch der Weihnachtsmann einmal etwas bekam. Also schenkte er sich selbst das härteste, gefährlichste, schnellste und beinahe schönste Oldtimer-Auto der Welt, setzte sich hinein, legte den Gurt um, ließ den Motor an (das aggressive tiefe *Vroouuuum* einer hungrigen, zum Sprung ansetzenden Raubkatze erfüllte ihn mit kindlichem Überschwang), trat die Kupplung durch, legte den ersten Gang ein, ließ das Pedal los und knallte gegen den ersten Eisberg, der ihm im Weg stand. Er war nicht einmal dazu gekommen, richtig Gas zu geben, geschweige denn zu schalten, der Wagen hatte einfach einen gewaltigen Satz gemacht und war losgerast, ehe Herr Weihnachtsmann auch nur einmal gezwinkert hatte. Als sich Rauch und Qualm verzogen, blickte Herr Weihnachtsmann erstaunt um sich, sagte »Holla« und fiel in Ohnmacht.

Frau Weihnachtsmann bekam beinahe einen hysterischen Anfall, als sie die Katastrophe sah, aber sie schluckte ihn gerade noch hinunter und holte stattdessen Hilfe. Herr Weihnachtsmann wurde zu Bett gebracht, wo er nach einigem Stöhnen und Seufzen allmählich wieder zu sich kam. Zum Glück hatte seine Leibesfülle Knochenbrüche verhindert, aber er hatte eine mächtige Beule am Kopf, eine Gehirnerschütterung und tiefen Kummer über den Verlust seines Wagens. Damit stand fest, dass er dieses Weihnachten ausfallen würde.

Frau Weihnachtsmann riss sich die Haube herunter, um sich die Haare zu raufen, stieß ein wütendes Quietschen aus und trampelte auf den Überresten der Weihnachtsmütze ihres Mannes herum. Das stand ihr zu, fand sie. Außerdem sah ihr niemand dabei zu, denn die Angestellten waren längst zurück zu ihren Arbeitsplätzen geflohen. Als sie sich besser fühlte, ging sie in die Kommandozentrale, stellte den Lautsprecher an und sprach in den Kommunikator: »In fünf Minuten erwarte ich alle Angestellten - ich wiederhole: *alle* Angestellten - im großen Saal zur Betriebsversammlung. Wer fehlt, wird augenblicklich ohne Kleidung und mit Honig beschmiert auf der Eisbärinsel ausgesetzt.«

Sie erschien pünktlich am Sprechpult und registrierte befriedigt, dass niemand fehlte, selbst die grippegeplagten Zwerge von der Krankenstation waren gekommen.

»Leute«, begann sie kameradschaftlich, »Leute, wir haben ein Problem. Der Weihnachtsmann, mein Gatte, kann dieses Jahr leider keine Geschenke verteilen, weil er - ahem - indisponiert ist. Wir müssen nun schleunigst einen Ersatz für ihn finden. Qualifiziert ist jeder von euch für diese Arbeit, schließlich arbeitet ihr lange genug hier -«

»Logisch, wir sind ja Sklaven«, warf jemand ein, aber sie überhörte es ausnahmsweise.

»... Und habt ausreichende Erfahrung. Meldet sich jemand freiwillig?«

Lähmende Stille, nicht einmal eine Maus hustete.

Frau Weihnachtsmann ließ ihren fürchterlichen Blick kreisen, und jeder, der davon getroffen wurde, zuckte zusammen. »Was denn?«, rief sie. »Keiner? Ist das euer Ernst? Pipkim, was ist mit dir?«

»Ich?«, rief der angesprochene Pooka erschrocken. »Sorry, muss mich um den Export nach Tau Ceti Alpha und Andromeda kümmern und den Einkauf beaufsichtigen. Ohne mich steht's still.«

»Das sehe ich ein.« Frau Weihnachtsmann nickte. »Aber du, Gerfried, was ist mit dir?«

»Ich, oh«, erwiderte der stämmige Nibelunge, »o nein, das geht nicht. Ich muss zur Jagd und außerdem die Heizung warten. Wir leben hier auf der Erde ja immer noch hinterm Mond, wenn ich das mal so sagen darf, weil Euer Mann sich gegen jeden Fortschritt sperrt, wenn's nicht um die Fabrik geht. Und Ihr wollt doch sicher nicht frieren?«

»Nein, natürlich nicht. Aber du, Otto, du kannst doch gehen. Außerdem passt du von der Statur her, die Größe spielt doch kaum eine Rolle …«

»Nee, Lady«, brummte der Zwerg. »Nee, Mylady, das kann ich nich', weil ich hab die Aufsicht hier, wie meine Kollegen, und wenn wir fehlen, geht ja gar nix mehr.« Er wies der Reihe nach auf den Elf Talan, den Feenmann Faris und den Faun Pix, und sie schüttelten nacheinander die Köpfe, als Frau Weihnachtsmann sie fragend anschaute.

»Was ist los mit euch?«, schrie sie schließlich entnervt. »Bin ich nur von Waschlappen umgeben? Schert euch an die Arbeit, allesamt – halt, Talan, du bleibst hier!«

Erleichtert flüchteten die Angestellten, nur Talan, die rechte Hand des Weihnachtsmanns, folgte Frau Weihnachtsmann still und leichtfüßig in die Zentrale.

»Talan, wir sitzen schwer in der Patsche«, sagte Frau Weihnachtsmann mit einem leichten Zittern in der Stimme. »Wir können es unmöglich verantworten, ausgerechnet hier auf der Erde das traditionelle Weihnachten zu verschieben oder gar ausfallen zu lassen.«

Talan nickte. »Ja, das wäre eine Katastrophe unvorstellbaren Ausmaßes. Die Existenz der ganzen Firma hängt davon ab. Das könnte unsere Werte an der Milkyway-Börse empfindlich beeinflussen. Der Außenhandel basiert auf unserer Tradition und dem Legendenstatus der Erde, deshalb müssen wir ja so rückständig leben …«

»Also müssen wir etwas unternehmen«, meinte Frau Weihnachtsmann, und die plötzliche Entschlossenheit in ihrer Stimme gefiel Talan nicht, und er sah sich unbehaglich nach einem Fluchtweg um. »Jawohl, mein Junge, *ich* werde gehen, und du, du wirst mich begleiten. Ich brauche einen Assistenten und moralische Unterstützung.«

»Wie bitte?«, hauchte Talan mit quietschiger Stimme. »Das meint Ihr doch wohl nicht im Ernst, Mylady? Wenn das der Firmenleitung bekannt wird, werden wir fristlos entlassen und auf Schadenersatz verklagt! Von hier bis Alpha III würden wir keinen Job mehr kriegen! Wir wären voll aus dem Geschäft draußen, und meine Karriere –«

Frau Weihnachtsmann winkte ab. »Ach was, bis die das merken, sind wir doch längst wieder hier. Keine Widerrede, Talan! Aber vorher brauche ich ein paar Informationen.« Sie wandte sich den Monitoren zu und schaltete auf Empfang. Auf jedem Monitor erschien eine andere Stadt – New York, Paris, London, San Francisco, Sydney, München, Quebec, Rio de Janeiro und Vorder-Hindelang. Einige Minuten lang betrachtete sie interessiert das Geschehen, murmelte »aha, hm, soso«, und drehte sich schließlich zu Talan um, der als ätherisches Wesen durchsichtig vor Blässe wurde.

»Also, so wie jetzt können wir nicht gehen, das ist eindeutig. Wir müssen *menschlicher* werden, unauffälliger, damit niemand merkt, dass wir es sind.« Sie schnippte einmal mit dem Finger und verwandelte sich von einer rosigen, üppigen Frau in eine aufregende Blondine, die Marylin Monroe verflixt ähnlich sah, in hautengem Weihnachtskostüm mit kurzem Rock und einem kecken Mützchen auf den wallenden Locken. Dann schnippte sie in Talans Richtung. »Und du wirst mein … hm … Pferd. Ach nein, heutzutage fährt man ja mit dem Auto. Du wirst mein Hund. Nein, das gefällt mir gar nicht, du hast ja Flöhe. Ich hab's! Du wirst mein Neffe.«

»Jetzt reicht's!«, schrie Talan, nachdem er durch das Schnippen dreimal verwandelt worden war. Er sah nun aus wie ein dürrer hohlwangiger Junge von elf Jahren, eingepackt in einen dicken Mantel und mit Ohrenschützern. Als er sich im Spiegel betrachtete, brach er in Tränen aus. »Oh, was habt Ihr mit mir gemacht!«

»Na ja, mehr hast du nicht hergegeben. Heule nicht, es ist ja nur für eine Nacht. Lass den Schlitten anspannen, wir haben keine Zeit mehr zu verlieren.«

»Den Schlitten? Seid Ihr noch bei Trost? In diesem Aufzug? Die sperren uns doch sofort ein!«

»Hmm, du hast recht, das ist vielleicht zu auffällig. Aber wir brauchen ein Gefährt, in das unsere Geschenke passen. Was nimmt man denn da so?«

»Einen LKW?«

»Unsinn, damit kann man doch nirgends parken. Aber wenn wir die Geschenke schrumpfen, dann könnten wir den roten Lotus Elan nehmen. Ja, das ist gut!«

Sie hob die Hand, es machte *Puff*, und los ging die Fahrt.

»Und ich sage Euch, es wird schiefgehen«, jammerte Talan und rutschte im Sitz immer tiefer. »So, wie Ihr fahrt, landen wir an einem Baum oder Schlimmerem, wie Euer Gatte!«

»Ach was, Unsinn, Nicky kann bloß nicht fahren. Aber ich, ich bin ein Naturtalent.«

»Wenn es doch nur endlich hervorbrechen würde, Euer Naturtalent ... Achtung, da vorn, die Ampel wird rot, bitte breeeeeemsen, Aaaachtung, Hilfe –«

Es gab einen kurzen trockenen Krach, und dann hingen zwei Autos Stoßstange an Stoßstange. Ein geringer Blechschaden, aber der Fahrer des Wagens, auf den Frau Weihnachtsmann draufgefahren war, fand das durchaus nicht entschuldbar. Er sprang wie ein Kastenteufel aus seinem Wagen und keifte etwas von *Frau am Steuer, Ungeheuer, Westentaschen-Rowdy* und ähnliche unhöfliche Sachen. Frau Weihnachtsmann hörte sich seine Tirade geduldig an. Talan stand neben ihr und hörte interessiert zu.

»Aye, Mylady, solche Worte hab ich ja noch gar nicht – autsch!«

Sie trat ihm heftig auf den Fuß und flüsterte. »*Tante Anna,* du Rotzlümmel, für dich noch immer Tante Anna!« Dann drehte sie sich dem Fahrer zu und schnitt ihm entschieden das Wort ab. »Hören Sie jetzt auf, Sie, wie reden Sie denn mit einer Dame? Und überhaupt, wieso bremsen Sie einfach, dass ich Ihnen drauffahren muss?«

»Die Ampel stand auf ROT!«, kreischte der Mann. »Können Sie denn nicht rot von grün unterscheiden?«

»Na hören Sie mal, Sie sollten sich erst vergewissern, ob andere nach Ihnen noch fahren wollen, bevor Sie einfach den ganzen Verkehr aufhalten …«

»*Das geht zu weit!*«, brüllte der Fahrer und holte Luft für ein absolut böses Schimpfwort, doch da wurde er wieder unterbrochen. Ein kleines Mädchen zupfte an Tante Annas rotem Jäckchen.

»Du, Tante, was soll'n der komische Aufzug?«, fragte es.

»Hm?«, machte Tante Anna. »Aber ich bin doch die Weihnachtsfrau, Liebes. Ich bringe die Weihnachtsgeschenke.«

»Uiiii, Klasse!«, jubilierte die Kleine und stürzte zum Lotus. »Dann such ich mir mein Geschenk gleich aus, ja?«

»Moment mal, Moment mal, Kleines«, widersprach Tante Anna und folgte dem Kind hastig, »so schnell geht das nicht. Das Geschenk hier ist nicht für dich. Nein, das auch nicht. Leg's sofort wieder hin. *Ich* verteile hier die Geschenke und sonst niemand.«

»Ich will das aber haben!«, maulte die Kleine. »Du bringst mir immer nur doofe Sachen, und ich will mal das haben, was ich mir wünsche!«

»Leg's wieder hin!«, drohte Tante Anna mit blitzenden Augen. »SOFORT!«

»MAAAMAAA!«, plärrte das Mädchen.

»Und mein Wagen?«, schrie der Fahrer.

Tante Anna wirbelte zu ihm herum und funkelte ihn wütend an. »Ihr Wagen, Ihr Wagen!«, keifte sie. »Denken Sie denn immer nur an sich? Es ist Weihnachten! Das Fest der Freude! Was kümmert mich Ihr Wagen?«

Talan hielt es für angebracht, den Schauplatz zu verlassen; inzwischen hatten sich eine Menge Leute versammelt, und er hörte eine Polizeisirene. Er drängte Tante Anna ins Auto, zwängte sich hinter den Fahrersitz und fuhr mit quietschenden Reifen davon.

Einige Zeit herrschte Stille im Wagen.

»Also«, begann Talan dann nicht ohne einen leisen Vorwurf, »das war ja wohl nichts.«

»Nein«, murmelte Tante Anna. »Wenn wir angehalten werden, werde ich eingebuchtet, weil ich einen Minderjährigen ohne Führerschein ans Steuer lasse.«

»Das ist nicht ganz das, was ich meine.«

»So? Na schön. Nun, ich war schon sehr lange nicht mehr unter Menschen. Wir sollten jetzt mit dem Verteilen beginnen, oder?«

»Hm. Unsere erste Station ist dort in der Seitenstraße.« Talan fuhr den Wagen langsam in die dunkle Straße hinein und hielt vor einem Einfamilienhaus. Er stellte den Motor ab und sah Tante Anna an. Sie schaute zurück, schien sich zu erinnern und stieg aus.

»So, das Geschenk hätte ich. Und was jetzt? Ich klingle, oder?«

»Nicht doch, nicht doch!«, zischte Talan und hielt ihren Arm fest. Dann deutete er aufs Dach. »Dorthinein.«

Tante Anna sah nach oben, und ihre Augen wurden rund. »Durch den Kamin? Aber - aber wie komme ich denn da hinauf?«

»Ich helfe Euch - Tante Anna«, stieß Talan zwischen zusammengepressten Zähnen hervor. Er holte Seil und Haken aus dem Wagen, hangelte sich am Dach hoch und zog dann Tante Anna hinauf. Sie konnte sich kaum bewegen, so eng war ihre Kleidung, und dementsprechend spitz fiel Talans Bemerkung aus, die er sich nicht verkneifen konnte. Schließlich aber waren beide oben, und Tante Anna schaute mit gemischten Gefühlen in den schwarzen, nach Ruß stinkenden Schlund. Wenigstens brannte kein Feuer. Talan befestigte das Seil so an ihr, dass er sie gut hinunterlassen konnte; sie bekam allmählich weiche Knie und stammelte: »Und wenn das Seil reißt? Dann breche ich mir doch das Genick!«

»Das hättet Ihr Euch eben früher überlegen müssen«, erwiderte Talan. »Ich hab's Euch ja gleich gesagt, aber Ihr wolltet nicht hören. Los jetzt.« Er gab ihr einen Schubs, und sie rutschte, Rußwolken aufwirbelnd, den Kamin hinab, und kam unten mit einem dumpfen Plumps, hustend und keuchend, auf. Sie stand mühsam auf und klopfte sich die Asche aus den Kleidern.

»So etwas Idiotisches«, murmelte sie, »wenn ich das nur gewusst hätte, lieber Himmel, ich hätte Nicky nicht so oft geschimpft. Das gehört alles einmal modernisiert, jawohl, bei der nächsten Aufsichtsratssitzung bring ich das zur Sprache.«

Sie platzierte das Geschenk unter dem Weihnachtsbaum, als das Licht anging und der Großvater des Hauses die Treppe herabpolterte.

»Wer ist da?«, rief er. »Einbrecher, he? Pass bloß auf, du Langfinger, ich puste dir das Hirn mit meiner abgesägten Schrotflinte weg!«

»Ojeoje«, stieß Tante Anna mit klappernden Zähnen hervor und flüchtete in den Kamin. »Talan, he, Talan, zieh mich sofort hoch!« Sie zog heftig am Seil, aber der Elf war vermutlich eingeschlafen. Als der Opa die Tür öffnete, schrie sie in höchster Verzweiflung: »Zieh mich hoch, du Esel, oder ich kriege eins auf den Pelz gebrannt!«

»Verdient hättet Ihr's!«, rief Talan zurück, aber er zog sie immerhin nach oben, und sie schafften es gerade noch vom Dach in den Wagen, bevor die ganze Familie aus dem hell erleuchteten Haus stürmte.

»Prächtig, wirklich prächtig«, äußerte sich Talan später, nach weiteren Verteilungsaktionen. Allerdings nicht mehr durch den Kamin, denn die meisten Häuser besaßen keinen offenen Kamin und das wäre beinahe böse ins Auge gegangen. Also verlegten sie sich auf das Knacken von Haustürschlössern oder das Auffummeln von Fensterriegeln, die nicht richtig geschlossen waren.

»Das klappt alles großartig, besser hätte es Vater Weihnacht auch nicht machen können. Ich bin mir sicher, dass schon das halbe Polizeipräsidium hinter uns her ist. Und wir haben noch nicht einmal die Hälfte der Geschenke verteilt. Bei einem Haus versuchen wir durchs Fenster einzusteigen, die Alarmanlage heult los, und wir rennen beinahe einem tollwütigen Wachmann mit seinem noch tollwütigeren Hund in die Arme. Im nächsten Haus werdet Ihr fast vernascht, weil Ihr den Hausherrn mit Eurer Schönheit so beeindruckt habt. Im Apartment-Hochhaus werden wir um Haaresbreite vom Pförtner erschossen, ein Mieter schmeißt uns seinen Abfalleimer an den Kopf, weil er denkt, es ist seine Frau, von den anderen gar nicht zu reden. In Hell's Kitchen will man uns ausrauben, und beinahe werden wir von einem Tanklastzug überfahren, der ins Rutschen gekommen ist. Das ist bestimmt die *schönste* Nacht meines Lebens, und ich danke Euch, *Tante Anna.*«

»Im Sommer wirst du bestimmt herzlich darüber lachen«, wisperte Tante Anna kleinlaut.

»Wenn ich diese Nacht überlebe, vielleicht«, maulte Talan. »*Vergessen* jedenfalls werde ich sie nie, auch nicht als Geist.«

Tante Anna setzte sich plötzlich auf. »Sieh mal, wir sind in der Stadtmitte … oh, das ist ja großartig, lauter Weihnachtsmänner! Oh, und so viele! Das ist ja wunderbar! Die werden mir beim Verteilen helfen!«

Sie sprang aus dem Lotus, noch ehe er ganz stand, und schrie: »Hallo, Kollegen!«

Die Weihnachtsmänner – große, dicke, dünne, kleine, alte, junge, hässliche, hübsche, und alle in roter Kleidung mit weißem Besatz, Mütze und Rauschebart – wandten sich ihr verblüfft zu.

»Wer bist du denn, Süße?«, fragte einer schließlich.

»Na, sieht man das denn nicht?«, rief Tante Anna, stellte sich in Positur und schob das kecke Mützchen schief. »Ich bin die Weihnachtsfrau!«

Die Männer sahen sich erstaunt an und prusteten dann los. »Hat man so was schon gehört? Die Weihnachtsfrau! Die ist irre! Das war ja noch nie da! He, Kleine, findest du nicht, dass du es etwas zu weit treibst mit deiner Emanzipation? Es gibt keine Weihnachtsfrauen, klar? Nur *Männer!* Kapiert?«

»Na schön«, fauchte Tante Anna, die es allmählich satt hatte. »Ich bin die Frau des Weihnachtsmanns, und weil er nicht kommen kann, vertrete ich ihn, und damit bin ich die Weihnachtsfrau, klar?« Sie schnippte mit dem Finger, und plötzlich stand sie in ihrer echten Gestalt da.

Die Männer waren wieder für einen Moment sprachlos. »He, Kleine«, meinte der eine, der zuvor schon als erster gesprochen hatte, »wie haste denn das gemacht?«

»Das werde ich euch zeigen!«, rief Tante Anna. »Talan! Zu mir!«

»Sofort, ich eile ...« Talan hüpfte erfreut aus dem Auto und schüttelte sich behaglich, als er endlich seine ätherische Lichtgestalt wiederhatte.

Die Männer drängten sich jetzt zusammen, hilflos sahen sie sich um, aber keiner der Passanten achtete auf das merkwürdige Geschehen. Anscheinend konnte keiner außer ihnen die Weihnachtsfrau sehen.

»Spinn ich, oder was ist hier los?«, wisperte einer dann fast ehrfürchtig.

Die Weihnachtsfrau lächelte jetzt offen und herzlich, und ihre strahlenden blauen Augen verströmten ein warmes Licht, und Talan neben ihr leuchtete wie ein Stern, und auch er lächelte, und die Männer erkannten, dass sie wahrhaftig ein Wunder erlebten.

»Nun, Männer«, fuhr die Weihnachtsfrau mit ihrer gewohnten kameradschaftlichen Stimme fort, »es stimmt, was ich gesagt habe. Nur leider habe ich bei dieser Aufgabe kläglich versagt, denn ich wollte wie ein Mensch sein und meinen Spaß haben. Die Aufgabe, Weihnachten zu bringen, sollte aber ernst genommen und geachtet werden, denn sie ist wichtig und unerlässlich. Ich habe den unverzeihlichen Fehler begangen, an mich zu denken, aber vielleicht war das eine einmalige menschliche Regung, und als solche will ich sie nicht missen. Nun aber muss ich mich besinnen, es ist schon so viel Zeit vergangen, und ich brauche eure Hilfe. Wollt ihr das tun?«

»Natürlich!«, sagten alle Weihnachtsmänner einstimmig, und dann zauberte die Weihnachtsfrau alles herbei, was notwendig war: alle Geschenke, und die Adressen wurden aufgeteilt, und jeder Weihnachtsmann bekam ein Rentier, das ihn pfeilschnell von Haus zu Haus und Wohnung zu Wohnung bringen würde, und das alles ganz ohne Unfälle. Und so geschah es in der ganzen Welt.

Und während die Weihnachtsmänner begeistert ihre Aufgabe erfüllten, setzten sich die Weihnachtsfrau und der Elf in den Lotus und brausten nach Hause zum Nordpol. Weihnachten war gerettet.

Herr Weihnachtsmann saß aufrecht im Bett und starrte gebannt auf den Fernseher. Er lächelte seiner Frau zu, die verlegen an sein Bett kam, und ergriff ihre Hand.

»Glaubst du, sie werden die Spesenabrechnung und meinen Antrag auf Überstundenzulage akzeptieren?«, flüsterte sie, und eine Träne stahl sich in ihren rechten Augenwinkel.

»Zu einem Narren zwei«, schmunzelte er. »Liebes, mit dem Aufsichtsrat rede ich schon. Allerhöchstens versetzen sie uns auf irgendeinen langweiligen Außenposten, na und? Die werden schnell merken, dass es ohne uns nicht mehr dasselbe ist und uns schleunigst zurückholen. Schließlich sind wir die Profis – was würden sie denn ohne uns beide machen, den Weihnachtsmann und die Weihnachtsfrau?«

NIKLASTAG

Timmi war acht Jahre alt. Seine Eltern hatten sich so lange sehnsüchtig ein Kind gewünscht und es für ein Wunder gehalten, als er schließlich doch noch kam. Weit gefehlt.

»Was sollen wir nur tun?«, sagte Eloise eines Abends zu ihrem Mann. »Heute kam eine weitere Drohung, uns anzuzeigen. Ich kann mich einfach nicht gegen ihn durchsetzen. Schlimmer noch – er macht mir Angst! Und dabei ist er noch so klein!«

Frank nahm sie tröstend in den Arm. »Ich weiß, Eloise. Wir haben einfach alles falsch gemacht. Ich habe lange darüber nachgedacht, wie wir ihm einmal einen richtigen Denkzettel verpassen können, damit Timmi endlich begreift, was für schlimme Dinge er tut. Und schließlich ist mir die passende Idee gekommen.«

»Wirklich?«

»Morgen ist Nikolaus«, antwortete er und zog eine triumphierende Miene.

Sie sank enttäuscht zurück. »Da läuft er rum und befüllt die Stiefel der Kinder mit Dreck, Glassplittern und dergleichen.«

»Morgen nicht.« Seine Augen funkelten, er schien sich seiner Sache sicher.

»Na, da bin ich neugierig«, erwiderte sie wenig überzeugt.

»Ich kann dir nicht mehr verraten«, sagte er geheimnisvoll. »Nur so viel: es wird Timmi umhauen! Das ist noch keinem Vater eingefallen, der Nikolaus gespielt hat.«

»Hast du einen Studenten engagiert?«, hakte sie nach.

»Nö, hast du nicht zugehört? Ich sagte doch, dass ich ihn spielen werde, und dass noch keiner darauf gekommen ist!« Er lachte.

»Aber …«

»Timmi merkt es sofort, wenn du etwas vor ihm verheimlichst. Deshalb verrate ich nichts. Lass dich überraschen und vertrau mir. Ich ruf dich morgen rechtzeitig an, ob es auch klappt.«

Am nächsten Morgen fand Timmi seine abends vor dem Zimmer deponierten Schuhe leer.

»Warum ist nichts drin?«, schnauzte er seine Mutter missmutig an und hob schon die Hand, um nach ihr zu schlagen. »Das ist richtig gemein! Alle Kinder bekommen was, nur ich nicht! Immer hackt ihr auf mir rum!«

Sie nahm sich zusammen, um nicht in die übliche Demutsgeste zu verfallen. »Der Nikolaus kommt heute Nachmittag«, antwortete sie.

»Och nee! Papa verkleidet sich und versucht, mich zu erschrecken?«

Sie seufzte. »Du wirst schon sehen.«

»Ich find's kindisch.« Dann trat ein boshafter Ausdruck auf sein engelsgleiches Gesicht. »Aber wenn's Papa Freude macht und ich dafür was krieg, meinetwegen ...« Es war nicht schwer sich auszumalen, was wirklich in seinem Kopf vor sich ging – er wollte es seinem Vater so richtig geben, um in der Schule damit prahlen zu können, dass er kein solcher Angsthase war wie alle anderen und seine Eltern alles andere als den Ton angaben.

Frank rief um ein Uhr an, kurz bevor Timmi von der Schule kam. »Eloise, ich wollte dir nur sagen, dass ich alles beisammen habe.«

»Es wird nicht klappen, Frank. Timmi hat sich über seine leeren Stiefel beschwert und sich über dich lustig gemacht, und er plant etwas ganz Schreckliches, das habe ich ihm angesehen. Er *freut* sich schon sehr darauf, sagte er noch, bevor er zur Schule ging.«

»Er wird nichts merken. Nicht mal du wirst mich erkennen. Du wirst sehen. Lass mich nur machen.«

»Wenn du meinst ...«

»Ja, Schatz. Und tu mir vor allem einen Gefallen: *misch dich nicht ein*, was auch immer geschieht. Ich will ihm einen tüchtigen Schrecken einjagen. Also lass alles geschehen, wie es kommt, ja? Sonst wird es nicht klappen. Versprochen?«

»Versprochen.«

»Naaa?«, fragte Timmi hintergründig grinsend, als er aus der Schule kam. »Ist der Nikolaus schon da?«

»Erst, wenn es dunkel ist. Das weißt du doch.«

»Du meinst, wenn Papi aus dem Büro abhauen kann.«

Sie schluckte im Stillen. »Du wirst schon sehen, Timmi. Alles weißt du doch nicht.«

»Doch.« Timmi zermanschte eine Kartoffel mit der Gabel und verrieb sie gleichmäßig auf dem Teller. »So doof bin ich nicht, dass ich noch an den Nikolaus glaub. So bescheuert sind nur Babys. Ha, hättest sehn sollen, was ich heut dem Lehrer erzählt hab. Glatt die Spucke ist dem weggeblieben.«

»Timmi, das kann nicht dein Ernst sein. Warum bist du nicht wie die anderen Kinder?«

»Immer musst du an mir rummäkeln! Kannst du mich nicht *einmal* in Ruhe lassen? Du bist die schlechteste und gemeinste Mutter der Welt!«

Sie sagte nichts mehr.

»Und dein Fraß ist sowieso ungenießbar, nicht mal kochen kannst du! Kannst du denn nicht sein wie die anderen Mütter?« Timmi warf die Gabel auf den Tisch und verschwand in seinem Zimmer.

Eloise weinte leise vor sich hin, während sie saubermachte und den liebevoll zurechtgemachten Pudding (sie hatte aus grüner und roter Grütze ein Gesicht aufgemalt) in den Kühlschrank stellte.

Um fünf Uhr schrillte die Türglocke. Frank kam nie vor sechs nach Hause. *Der erste Trick*, dachte Eloise.

»Wer ist das?«, rief Timmi und stürzte aus seinem Zimmer.

Seine Mutter öffnete bereits die Tür, und da stand tatsächlich der Nikolaus.

Es war ein sehr schöner Nikolaus; seine imposante Gestalt wurde von dem roten Mantel völlig verhüllt, von seinem Gesicht konnte man vor lauter Haaren nichts erkennen, abgesehen von den weisen dunklen Augen und der roten Nasenspitze. Der weiße Bart wallte bis zu seinem Gürtel herab, unter der Tiara quoll eine lange, weiß gekräuselte Haarwolke über die Schultern.

Perfekt, dachte Eloise und fühlte sich an ihre eigene Begegnung mit dem Nikolaus erinnert.

Wie hatte Frank nur diese Größe hinbekommen? Einlagen? Heimlich schielte sie nach den Stiefelabsätzen.

Timmi schaute einen Moment verdutzt, dann entfuhr es ihm großspurig: »Brauchst gar nicht weiterzumachen, ich hab dich gleich erkannt, Papa!«

»Du hast gar niemanden erkannt«, rumpelte die tiefe Stimme des Nikolaus, die überhaupt nicht nach Frank klang. »Ich hingegen kenne dich genau.«

Diese Stimme, dachte Eloise freudig. *Er muss* doch *jemanden engagiert haben.*

»Komm herein, lieber Nikolaus«, forderte sie ihn auf. »Wir haben dich schon sehnsüchtig erwartet.«

»Ich weiß«, grollte der Nikolaus. Er schien ihr einen kurzen, schmunzelnden Blick zuzuwerfen. Ein geheimes Zeichen der Verschwörung.

Sie versuchte zu spät, ihn zurückzuhalten, als er zielsicher voran ins Wohnzimmer ging. *Nein, bitte nicht. Der erste Fehler.*

Timmi schaute triumphierend zu ihr hoch. »Er kennt sich aber gut aus«, wisperte er hämisch.

»Sei still!«, entfuhr es ihr. Sie konnte es nicht zulassen, dass er ihren Nikolaus schlechtmachte. *Was ist los mit mir?*, dachte sie und strich sich verwirrt eine Strähne aus der Stirn. So hatte sie noch nie mit ihrem Sohn geredet. *›Mein‹ Nikolaus, so ein Unsinn!*

»Stell dich vor mich hin«, fuhr der Nikolaus fort, und Timmi kam der Aufforderung feixend und Grimassen schneidend nach. Seine Hände steckten in den Hosentaschen und nestelten herum; wahrscheinlich bereitete er gerade seinen Streich vor.

Aber Eloise hatte die Anweisung erhalten, sich unter gar keinen Umständen einzumischen, und daran würde sie sich halten. Sie war viel zu gespannt auf das, was nun folgen mochte. Denn, Streich hin, Streich her, dieser Nikolaus schien nicht von der Sorte zu sein, die sich von einem bösartigen kleinen Rotzbengel einschüchtern ließen.

Der Nikolaus holte sein Goldenes Buch hervor und schlug es auf. »Hm«, machte er kopfschüttelnd. »Hm. Hm. Hm.«

»Nun mach schon.« Timmi gähnte gelangweilt.

»Du kannst es wohl nicht erwarten, all deine Sünden aufgezählt zu bekommen?«, erwiderte der Nikolaus.

»Ich hab nichts angestellt«, behauptete Timmi ohne zu erröten. »Ich war immer sehr brav.«

Eloise stand still neben ihm, versuchte ein vertrautes Zeichen, ein weiteres Zwinkern der Augen zu erkennen, aber es war ganz so, wie Frank es versprochen hatte: eine perfekte Verkleidung.

»Das ist zum Beispiel eine deiner Sünden«, sagte der Nikolaus sehr ernst, »du lügst dreist und schämst dich dessen nicht einmal.«

»Nein, das ist wahr!«, rief Timmi empört.

»Die nächste Lüge.« Der Nikolaus fuhr ruhig mit tiefer Stimme fort: »Du bist ein Prahlhans, ein gewohnheitsmäßiger Lügner, frech und vorlaut. Du verprügelst Schwächere und reißt Fliegen gern die Flügel aus. Und das ist nur die dünne Spitze des Eisbergs.« Er tippte gewichtig auf das Goldene Buch. »Es steht alles hier drin. Du willst immer der Erste sein und freust dich, wenn du andere zum weinen bringst.«

»Aber …«

»Unterbrich mich gefälligst nicht.«

Und Timmi schwieg! Er war völlig verblüfft.

»Du erschreckst Hunde mit Feuerwerkskörpern, steckst Katzenschwänze in zuschnappende Mausefallen und jagst Hamster Rutschbahnen hinunter.« Und so gingen die Aufzählungen weiter.

Allmählich wirkte Timmi verunsichert, und Eloise war ein wenig erstaunt, denn von einigen der Vergehen wusste sie gar nichts.

Großartig!, dachte sie. *Frank kriegt ihn. Wie er's versprochen hat.*

»Also?«, schloss der Nikolaus, und es klang fast traurig. »Weiter will ich jetzt gar nicht mehr vorlesen, sonst werde ich eine Woche lang nicht fertig. Willst du das immer noch *brav* nennen?«

»Das ist nicht …«, begann Timmi im entrüsteten, aber auch deutlich leiserem, weinerlichem Tonfall. Das war seine Spezialität, die nahezu immer ein schlechtes Gewissen provozierte. Gleich würde er sich zerknirscht geben und Krokodilstränen vergießen.

»Willst du behaupten, dass nichts davon wahr ist und … *ich* lüge?«, fragte der Nikolaus leise.

Das saß. Timmi war eben doch erst acht Jahre alt und traf hier auf seinen Meister. Er schluckte zum ersten Mal und zögerte einen winzigen Moment. »Nein«, würgte er hervor.

»Timmi, du bist allen Ernstes der Meinung, du hättest einen gefüllten Stiefel verdient?«

»Wieso … am Nikolaustag wird doch immer …«

»Ach ja?«, unterbrach der Nikolaus. »Ohne Gegenleistung?«

»Aber ich habe doch immer … na gut, ich verspreche, ich werde mich bessern.« Das war immerhin ein Angebot. Dazu lächelte er zaghaft und wirkte dadurch noch engelsgleicher.

Eloise wurde schon wieder ganz weich, obwohl sie es besser wissen sollte. Aber das war eben die Tragödie: sie konnte ihm nie widerstehen. Und Frank auch nicht. Sicher würde er seinem Sohn jetzt vergeben.

Der Nikolaus klappte das Buch mit einem harten metallischen Knall zu. »Ein leichtfertiges Versprechen«, erklärte er streng. »Du weißt, was es bedeutet, ein Versprechen zu geben?«

»Natürlich«, antwortete Timmi. »Man muss es halten. Das tu ich doch auch. Immer!«

»Das reicht!«, rief der Nikolaus, und seine Stimme klang wie ein fernes zorniges Gewittergrollen. »Ein Versprechen soll man mit dem Herzen, nicht mit dem Mund geben! Glaubst du, ich würde nicht dahinterkommen, so wie hinter alle deine bösen Streiche? Denkst du, ich kann nicht bis auf den Grund deiner verdorbenen Seele blicken? Ich sehe *alles*, Timmi, selbst wenn du die Vorhänge zuziehst und deine Augen niederschlägst.« Er steckte das Buch in eine unsichtbare Tasche zwischen seinen Mantelfalten und holte von einer anderen undefinierbaren Stelle einen großen unförmigen Sack hervor.

Eloise dachte: *Er wird doch nicht …*

»Tja, Timmi, ich muss dich mitnehmen«, erklärte der Nikolaus ruhig und sachlich. »Und ich sage in dem Fall nicht: leider.«

Timmi wich einen Schritt zurück; er wurde ein wenig blass. »Aber sonst steckt doch immer Knecht Ruprecht die Kinder in den Sack!«

»Der Krampus ist gerade dabei, die vielen vollen Säcke zu leeren. Du glaubst gar nicht, wie viele unartige Kinder es gibt! Du allerdings toppst sie alle.«

»Pah!«, machte Timmi schnippisch. »Ich geh aber nicht mit! Du kannst mich nicht zwingen! Das darfst du nämlich nicht, das ist Kindsentführung und gegen das Gesetz!« Fordernd sah er seine Mutter an.

Doch Eloise hielt sich an das Versprechen, das sie Frank gegeben hatte: Keine Einmischung. Sie war darüber hinaus, das zu tun, was ihr Sohn befahl. Sie zuckte lediglich die Achseln.

»Dann hast du ja nichts zu befürchten«, meinte der Nikolaus, »und kannst einfach bei unserem kleinen Spiel mitmachen. Wer weiß, vielleicht wartet am Ende eine Belohnung? Oder sollte mir etwa entgangen sein, dass du auch noch feige bist?«

»Pah!«, wiederholte Timmi. »Vor dir hab ich bestimmt keine Angst.« Er krabbelte in den Sack hinein, den der Nikolaus nachlässig zuschnürte.

»Du solltest nicht zu streng sein, lieber Nikolaus«, sagte Eloise. »Im Grunde meint Timmi es gar nicht so. Er ist nur einfach … übermütig, ein richtiger Wildfang. Und nachdem er jetzt weiß, dass du ihn beobachtest, wird er sich bestimmt bis nächstes Jahr bessern.«

»Keine Sorge, Eloise«, sprach der Nikolaus beruhigend und freundlich. »Er bekommt, was er verdient. Nicht mehr, aber auch nicht weniger.« Er zwinkerte ihr erneut zu, und diesmal war sie ganz sicher, in Franks Augen zu blicken. Er hob den Sack auf seine Schultern und ging durch den Flur zur Wohnungstür.

Eloise begleitete ihn, als das Telefon klingelte. »Augenblick!«, rief Eloise und ging dran.

»Liebling, es tut mir leid, aber ich schaffe es heute nicht vor halb sieben!«, erklang Franks gehetzte Stimme am anderen Ende. »So ein Mist, ausgerechnet heute ... ihr müsst eben noch ein bisschen warten.«

Einen Moment blieb ihr die Luft weg. »*Was?*«, schrie sie dann. »Aber du – aber der Nikolaus war doch gerade da, und er hat –«

Klapp, machte die Wohnungstür. »Ho-ho-ho«, klang es von draußen hindurch, schrecklich tief und schrecklich höhnisch.

ZWOELFNACHT

Mit der Dämmerung kam der Sturm.

Er überfiel das Land mit gnadenloser Gewalt, ohne Ankündigung, ohne warnende Vorzeichen. Menschen und Tiere flohen und suchten Schutz, und wenn die Pflanzen ihre Wurzeln als Beine hätten benutzen können, hätten bestimmt auch sie nach Höhlen und Felsüberhängen gesucht, um sich vor dem Unwetter zu verbergen. Die Lebewesen, deren Beine zu langsam, deren Flügel zu schwach waren, scheuchte der Wind mit seinem eiskalten, brausenden Atem vor sich her; er allein bestimmte die Richtung, blies mal hierhin, mal dorthin, und lachte schrill pfeifend seine hilflosen Opfer aus, peitschte sie nieder und fegte sie über Klippen und Vorsprünge hinweg.

Blitze zuckten unaufhörlich aus sich gewaltig auftürmenden, am Himmel entlang rasenden Wolkenbergen, und der Donner ihres Zusammenpralls krachte so laut, dass die fliehende Frau fast taub davon wurde.

Sie war allein unterwegs und bestimmt das einzige Lebewesen, das bis jetzt noch keinen Unterschlupf gefunden hatte. Wie lange war sie schon auf dem Heimweg? Es mussten Stunden sein. Noch weit vor der Dämmerung, bei mildem Sonnenschein, war sie aufgebrochen, und jetzt herrschte finstere Nacht. Einzig die Blitze ließen von Wimpernschlag zu Wimpernschlag einen schmalen Pfad vor ihr aufleuchten, der sich zusehends in einen reißenden, schlammigen Bach verwandelte und das Vorankommen noch mehr erschwerte.

Es war unmöglich zu erkennen, wo sie sich befand. Möglicherweise bewegte sie sich schon die ganze Zeit im Kreis … doch sie hatte keine Wahl. Sie verließ sich auf ihre Füße, die diesen Weg schon sehr oft gegangen waren; sie hätte ihn blind finden müssen.

Längst war die Frau bis auf die Haut durchnässt, der Wind peitschte ihr unaufhörlich Regen, Schnee und eisige, wie Nadelstiche brennende Hagelkörner ins Gesicht.

Die Unglückliche schickte ein verzweifeltes Gebet zum Himmel, und es war nicht ihr erstes, jedoch der Wind riss jedes Mal ihre gestammelten Worte fort, ehe sie sich zu einem Satz zusammenfügen konnten, um wenigstens ihr selbst Trost zu spenden, wenn sie schon keine Antwort, keine Hilfe erhielt.

Plötzlich krümmte sich die Frau vor Schmerz und presste die Hände auf ihren geschwollenen Leib. Ihr Atem presste sich gegen den Brustkorb, stechende Pein jagte durch ihren Körper und explodierte funkensprühend in ihrem Kopf. Der Aufschrei erstickte noch in ihrer Kehle, und sie rang mühsam nach Luft.

Nicht jetzt, dachte sie panisch. *Von allen Momenten ist dies der denkbar schlechteste.*

Tastend streckte die Frau die Hände vor sich aus, nach einem Halt suchend, um sich besser dem Wind entgegenstemmen zu können. Doch sie griff nur nach Luft, verlor dabei den Halt und glitt aus. Hilflos stürzte sie nach vorn in den Schlamm, schlug sich Knie und Handknöchel auf. Diesmal erhob sich ihr Schmerzensschrei sogar über den peitschenden Wind, ehe er zerfetzt wurde, und sie schlang schluchzend die Arme um ihren gepeinigten Körper. Mühsam zwang sich die junge Frau wieder auf die geschwächten Beine und zog den durchweichten Umhang um sich, auch wenn er schwer vor Nässe war und nunmehr weder schützen noch wärmen konnte, doch es war der einzige Halt, den sie in diesem Moment hatte. Schlotternd vor Kälte zwang sie sich, weiterzugehen. Sie wusste genau, wenn sie jetzt aufgab, der bleiernen Erschöpfung nachgab und sich einfach hinsinken ließ, würde sie nie mehr aufstehen.

Und das wäre der Tod für sie beide – für sie und ihr ungeborenes Kind.

Vor Schmerz und Angst weinend stolperte die Frau weiter, bis sie plötzlich durch das Brüllen des Sturms hindurch etwas anderes zu vernehmen glaubte. Sie blieb stehen und horchte angestrengt. Für einen Moment verharrte sogar der Wind, als wollte er lauschen, und nur das gleichmäßige Rauschen des Regens umgab sie noch.

Da war etwas …

Ein ungeheures Toben und Brausen, noch weit entfernt und doch lauter und mächtiger als der Sturm. Zwang ihn zu weichen!

Als ein langer Blitz wie eine sich windende Schlange über den Himmel zuckte und die nachtdunkle Welt in ein fahles, gelbliches Licht tauchte, erkannte die Frau turmartig hochragende, schroffe Felsen vor sich. Sie war immer noch auf dem richtigen Weg! Gott und ihre Füße hatten sie hierher geführt, hatten sie nicht im Stich gelassen. Ihre Tapferkeit wurde belohnt. Endlich ein Lichtblick! Was auch immer dort in der Ferne tobte, im Augenblick hatten Wind und Regen nachgelassen, und diese Zeit würde die Hochschwangere nutzen. Sie sammelte ihre Kräfte und ging weiter, so schnell wie nur möglich. Vielleicht schaffte sie es sogar vor dem nächsten Sturmausbruch bis nach Hause, denn es war nicht mehr weit. Und selbst wenn nicht - sie hatte bald den gefährlichsten Teil des Weges hinter sich, danach ging es abwärts, und es wurde leichter.

Gedulde dich, mein Kind, ich bin bald zu Hause. Du sollst es trocken und warm haben.

Die Frau fuhr zu Tode erschrocken zusammen, als ein weiterer, greller Blitz das Land länger als einen Herzschlag in ein taghelles, gespenstisch weißes Licht tauchte. Die düster aufragenden Felsen erschienen in diesem Licht plötzlich als bizarre Unwesen, von wirbelnden Blättern wie von Fledermäusen umgeben.

Lieber Gott, lass es nur Gaukelbilder sein, dachte die Frau schaudernd. Blitz folgte jetzt auf Blitz, Licht und Dunkelheit wechselten sich in rascher, stockender Folge ab, so dass die Frau ihre eigenen Schritte nach vorn als ruckartig empfand. Mehrmals konnte sie sich gerade noch vor einem weiteren Sturz auffangen. Ihr Schritt wurde zusehends unsicherer und schwankender.

Der Sturm geht wieder los … und ich kann nicht mehr. Ich bin so müde, kraftlos. Nur ein paar Augenblicke verweilen, ein wenig ruhen … dann geht es wieder besser.

Sie strengte ihre Augen an, um einen Unterschlupf zu finden, aber der wiedererstarkte Regen ließ selbst die Blitzstrahlen zu einer undeutlichen graugelben Lichtspur verschwimmen. Suchend streckte die Frau die kältesteifen Finger aus, ihre fast gefühllosen Füße tasteten sich nur noch ganz langsam und vorsichtig voran.

Dann stieß sie einen erschrockenen Schrei aus, als ihre Hände unerwartet auf Widerstand trafen. Zitternd tastete sie mit den Fingern über die teils glitschige, teils schrundige Oberfläche und erkannte aufseufzend, dass es nur toter Stein war.

Sie hatte die Felsen am Rheinufer erreicht; der Alte Strom war jetzt so nahe, dass er mühelos das Fauchen des Sturms mit seinem zornigem Gebrüll übertönte. Zwei Mächte prallten gewaltig aufeinander.

Für einen Moment stockte der Herzschlag der Unglücklichen; nun, so glaubte sie, war ihr Schicksal endgültig besiegelt. Ihre Ehrfurcht vor dem mächtigen, unberechenbaren Fluss war so groß, dass sie geradezu erwartete, er würde die Felsen überspringen und das Land mit seiner reißenden Flut überspülen und alles ertränken und die göttlich gefügte Grenze zwischen Himmel und Erde mit seinen Fluten erfüllen.

So kämpften Sturm und Fluss um die Herrschaft, und die Frau war ihrem wilden Treiben hilflos ausgeliefert. Sie krallte die Finger der Linken in einen Felsvorsprung und versuchte sich mit der anderen Hand vor den eisig peitschenden Windstößen zu schützen. Immer noch gab sie nicht auf und tastete sich, das Gesicht den Felsen zugewandt, weiter voran. Irgendwo musste es einen Überhang oder eine Nische geben, wo sie Schutz fand.

Die Wehen setzten wieder ein, und das spornte sie zusätzlich an. Mit zusammengebissenen Zähnen kämpfte sie um das Vorankommen. *Ich habe schon schlimmeren Schmerz ertragen, und ich werde mein Kind nicht hier in die Welt hinauswerfen, nicht in so einer Nacht. Kein unschuldiges Wesen, das gerade erst die Welt betritt, hat das verdient.*

Doch dann verstummte der Sturm ein zweites Mal, und sie sah das Licht.

In der Ferne, über dem tobenden Fluss, zeigte sich plötzlich ein Riss in den schwarz zusammengeballten Wolken, und dann öffnete sich eine Wolkenbank und grelles blaues Licht strömte aus dem rasch größer werdenden Loch. Es wurde fast taghell, je weiter die Wolken aufrissen, so dass die Blitze, die unterhalb der Wolkendecke entlang zuckten, nun geradezu düster wirkten.

Die Frau beschattete die geblendeten Augen mit einer Hand; sie war wie gebannt und nicht mehr in der Lage, den ruhigen Moment zu nutzen und nach einem Schutz zu suchen.

»Die Windischen …«, flüsterte sie, und ihre ohnehin blasse Haut wurde totenfahl.

Sie hatte die Wilde Horde niemals leibhaftig gesehen, nur alle Jahre in den zwölf Nächten zwischen Weihnachten und dem Dreikönigstag ihr lautes Lärmen und Treiben draußen im Hof gehört, während sie selbst drinnen in der Hütte hinter der versperrten Tür ängstlich gekauert hatte. Niemand, der bei vollen Sinnen war, wanderte in der letzten und mächtigsten dieser Schreckensnächte, der Zwölfnacht: *heute*, in der Nähe des Alten Stroms herum und setzte sich der Gefahr aus, den Windischen zu begegnen.

»Das darf nicht sein«, schluchzte die Frau. »Bitte, rettet mich! Ich kann mein unschuldiges Kind nicht mehr lange in mir halten und beschützen …« Oh, wie sehr wünschte sie sich, dass sich die weich befiederten Flügel eines Engels schützend um sie hüllten und sie im geschwinden Flug sicher nach Hause flogen!

Jedoch nicht Engel kamen aus dem sich weiter öffnenden Himmel herab.

Schatten verdüsterten den breiten Fächer aus blauleuchtenden Lichtstrahlen; bizarre Schemen, monströse Gestalten, die sich wie ein Heer blutrünstiger Vandalen, johlend und kreischend, ihren Weg durch das Wolkenloch bahnten.

Nichts Menschliches war an ihnen; die meisten hatten verdrehte und verkrümmte Körper, überwuchert mit Beulen und hornartigen Auswüchsen. Ihre Gliedmaßen waren zumeist überlang und fleischlos, die Knochen von ledriger, an manchen Stellen aufgerissener Haut überzogen, Füße und Hände mit langen Krallen bewehrt. Allen gemeinsam aber waren die gelbglühenden Augen, mit denen sie vermutlich mühelos die Dunkelheit, die das Land fest in ihrem Griff hielt, durchdrangen.

Die Kreaturen, auf denen die Windischen ritten, waren noch scheußlicher als sie selbst und mit keinem irdischen Tier vergleichbar. An den Flanken des dämonischen Heeres liefen knurrend und heulend fahl leuchtende, gelbäugige Hunde, so groß wie Pferde.

Schon bald konnten die Wolken den massenhaft nachdrängenden schaurigen Gestalten nicht mehr standhalten, an immer mehr Stellen bildeten sich Risse und Spalten, durch die viele weitere Dämonen hindurchquollen und auf den Lichtstrahlen zur Erde hinabritten. Sie rissen unter gewaltigem Getöse Sträucher und kleinere Bäume aus, wirbelten Steine und selbst Felsbrocken durch die Luft und trieben wüsten Schabernack mit verängstigten Tieren, die sie aus ihren scheinbar sicheren Verstecken hervorgezerrt hatten.

Die Frau duckte sich entsetzt, als die Windischen schauerlich heulend über sie hinwegflogen. Voller Angst drückte sie sich an den hoch und düster über ihr aufragenden Felsen; dahinter, über die Klippe hinab, konnte sie das Toben des Alten Stroms hören, über den die Windischen mit dämonischen Schreien hinweg rasten.

Ihre Finger, ihre Augen erkannten den Felsen. Nicht weit von dieser Stelle, wenn die Frau sich noch ein wenig weiter um ihn herum wagte, gab es einen schmalen Spalt. Vielleicht breit genug, um ihr Schutz zu bieten. Nur noch der Felsen trennte die Frau von dem grellen blauen Licht und den aufgewühlten Wassern. Nur noch der Felsen allein konnte ihr Schutz bieten.

Die Frau tastete sich langsam um den Vorsprung herum; sie hatte es beinahe geschafft, konnte den Spalt schon undeutlich erkennen, als sie unmittelbar über sich ein schauriges, tiefes Grollen hörte. Sie spürte, wie ihr Herz tief hinab sank, und blickte mit angehaltenem Atem nach oben. Eine Mannslänge über ihr, *in der Luft*, stand einer der fahl leuchtenden Geisterhunde, den nur aus glühenden Augen und einem riesigen, zähnestarrenden Rachen bestehenden Schädel zu ihr herab geneigt. Von seinen Lefzen troff grüner Schaum, der zischend im Regen verdampfte, und ein bösartiges Knurren drang tief aus seiner Brust.

Die Verzweifelte merkte, wie ihr Leib von einem heftigen Zittern befallen wurde. Wie angenehm wäre es gewesen, wenn eine gnädige Ohnmacht sie jetzt in eine bessere Welt entführt und vor den Schrecken des Todes bewahrt hätte. Aber die Frau hatte noch nie in ihrem Leben aufgegeben, noch war sie vor etwas davon gelaufen, das lag nicht in ihrer Natur. Hier draußen am Fluss war das Leben hart, und nur die Stärksten konnten überleben. Eine Ohnmacht konnte sich keine einfache Frau leisten, und so musste sie sich auch diesmal der Gefahr stellen; mit angstgeweiteten Augen starrte sie zu dem Untier empor.

»Bitte ...«, stieß sie erstickt aus verengter Kehle hervor, »bitte verschone mich ...« Ein Würgen war in ihrer Kehle; Tränen verschleierten ihre Sicht.

Der Geisterhund sank langsam tiefer, und die Frau stieß einen lauten angstvollen Schrei aus. Hilflos schluchzend stolperte sie weiter auf den Spalt zu; in wahnwitziger Hoffnung glaubte sie, dort drin, selbst wenn sie nur den halben Körper hineinpressen konnte, wäre sie in Sicherheit. Doch da hob die grässliche Kreatur den Kopf und heulte, und Eiseskälte fuhr durch die Glieder der Frau, und sie erstarrte gegen ihren Willen mitten im Schritt und war gebannt.

Das Heulen brachte das Kreischen der Windischen zum Schweigen. Eine unheilvolle Stille trat ein, als es verhallte. Die Windischen verharrten, wo sie gerade waren, und richteten ihre gelbleuchtenden Augen gen Himmel, den blauen Lichtfächer hinauf.

Die Frau verkrampfte ihre Hand um den Umhang vor ihrer Brust, als sie den riesigen Schatten einer geflügelten Kreatur sah, die jetzt den Lichtfächer verdunkelte und lautlos durch das größte Wolkenloch hindurchflog.

Es war das bizarre, verzerrte Abbild eines bleichschädeligen, raffzahnigen Pferdes, von dessen weiß schimmernden Knochen vereinzelt Haut- und Fleischfetzen herab hingen. Weite ledrige Hautschwingen trugen die Kreatur und ihren

Reiter mühelos und in vollendetem Flug durch die Lüfte, so furchterregend und majestätisch zugleich, dass selbst die Windischen zurückwichen: Der Herr der Wilden Horde, der Wilde Jäger war gekommen.

Von vielfältiger Gestalt war er, trat manchmal gar wie ein harmloser, gütiger alter Wandersmann auf, der seinen weisen Rat erteilte; jedoch nicht heute. Heute erinnerte er wohl von der Gestalt und der Gesichtsform her noch entfernt an einen Menschen, aber sein einziges Auge leuchtete wie die glühenden Kohlen des Höllenfeuers, sein Haupt war von sich windenden, schwarzen Schlangen bedeckt, und seine scharfen Zähne und die langen Krallen an seinen dünnen Fingern waren die eines mächtigen Raubtieres. Seine große, hagere Gestalt war in schwarze Kleidung gehüllt, ein weiter Umhang flatterte wie ein Paar Flügel hinter ihm im Wind. In der rechten Hand hielt er einen Speer, in der linken ein Jagdhorn, das er nun an die schmalen bleichen Lippen hob und hineinblies.

Die junge Frau hielt sich schmerzvoll stöhnend die Ohren zu, der furchtbare Klang des Horns erschütterte sie bis ins Mark.

Der Geisterhund antwortete dem Ruf seines Herrn mit neuerlichem Geheul, und der Wilde Jäger flog über den Alten Strom hinweg, über den Felsen und in einem Bogen zu der Menschenfrau herab, bis er neben dem Hund verharrte.

»Gott steh mir bei«, wimmerte die Gepeinigte. Sie spürte den Blick des glühenden Auges über sich hinweggleiten; sie konnte weder diesem Blick begegnen, noch den Kopf von der schrecklich finsteren Gestalt auf der bleichschimmernden Kreatur wegdrehen. Dampf stieg von dem Höllenpferd auf. Es schnaubte, seine mächtigen Schwingen wölbten sich hoch über seinen Meister, dass es aussah, als säße er auf einem Thron mit prunkvoll dämonischer Lehne.

»Ein Mensch«, hallte eine eiskalte, nichtmenschliche Stimme durch die Nacht; die Frau konnte nicht erkennen, ob der Wilde Jäger gesprochen hatte oder der Wind in seinem Gefolge, der an ihren nassen Kleidern zerrte und ihre Glieder vor Kälte taub machte. »Weib, bist du gekommen, meine Herrlichkeit zu schauen und mein Reich mit mir zu teilen?«

»Dein Reich?«, flüsterte sie und wunderte sich, woher sie die Kraft nahm zu sprechen.

»Mein Reich«, antwortete die grausame Geisterstimme, »zu jeder Zeit des Jahres, das für euch Sterbliche rasch vergeht, doch nur in zwölf Nächten des Winters gewähre ich euch die Gunst, meiner sichtbaren und lebendigen Macht teilhaftig zu werden. Denn siehe, ich bin Odin, Herrscher der Asen, auch Wodan genannt, der Wütende, der Sturmgott; man nennt mich auch Allvater, den Herrn der Welt; und manchmal den Gütigen, wenn es mich gelüstet, unerkannt unter euch zu wandeln.«

Der Wilde Jäger setzte das Horn ab und streckte die schmale, langfingrige Hand aus. Gelbe Krallen blitzten auf, und die Frau spürte die Kälte, die von dem Dämonischen ausging, und seine furchtbare, finstere Aura, die sie wie ein Mantel umhüllte, als die Pferdekreatur einen Schritt auf sie zumachte. Die Frau keuchte und rang nach Luft und wusste, dass sie dem Finsteren nicht entkommen konnte, dass aller Aberglaube, alle Geschichten über den Wilden Jäger und seine Horde niemals erfunden, sondern wahr gewesen waren. Die meisten Alten waren seit der Verkündigung des Einen Gottes dahingegangen, doch die wenigen, die zurückgeblieben waren, hatten ihre Macht unverändert behalten und übten sie weiterhin gnadenlos auf die wehrlosen Menschen aus.

Der Wilde Jäger beugte sich ein wenig nach vorn und drehte die Handfläche nach oben, damit die Sterbliche ihre Hand in seine legen konnte. Er wollte sie nicht einfach ergreifen und mit sich nehmen, er wollte, dass sie sich ihm ergab. Was sie tat, würde aus ihrem eigenen Wunsch heraus geschehen …

Die Frau spürte, wie der Wunsch, ihre Hand in die des Gottes zu legen, in ihr immer größer wurde. Kälte und Müdigkeit zehrten an ihren Kräften, die Lider fielen ihr halb zu. Sie spürte ein sachtes Wispern in sich, das ihr Ruhe und Wärme versprach, sobald sie sich dem Wilden Jäger ergeben hätte. Endlich ausruhen, sich dem Schlaf hingeben, alle Schmerzen und Not vergessen. Wahrhaftig, er hatte nicht vor, grausames Spiel mit ihr zu treiben und sie danach zu töten. Er wollte ihr nur sein Reich der Luft zeigen und die Macht, die er darüber besaß.

So etwas war schon öfter vorgekommen, dass die Alten einem Menschen ihr Leben auf der anderen Seite zeigten und ihn dann unbehelligt wieder ziehen ließen. Und die lebendige Macht des Jägers währte nur noch die wenigen verbleibenden Augenblicke dieser Nacht, dann war es vorbei. Seine Gestalt würde schrumpfen, und er würde sich zurückziehen nach Niflheim, dem einstigen und wiedererstandenen Reich des Eises, des Nebels und der tiefsten Finsternis. Dort, nur dort war er fortdauernd so allmächtig wie in den wenigen Augenblicken im Land der Menschen. Dort erwartete ihn seine Gemahlin, Königin des Himmels. Dort würde er nimmermehr finster sein, sondern ein weiser und gerechter Herrscher.

So zumindest wusste es die Mär.

Doch die Menschenfrau widerstand tapfer. »Ich werde dir nicht folgen, denn du vernichtest mich.«

»Mein Reich will ich dir zeigen, Frau, nicht dich zerstören, denn wahrlich, ich habe noch zu tun, und langsam versiegt meine Geduld«, dröhnte seine volltönende Stimme mahnend. Erneut streckte er ihr seine Hand hin. »Komm mit mir, da es dein Schicksal gewesen ist, mir heute zu begegnen.«

Sie duckte sich, als sie den aufkeimenden Zorn in seiner Stimme spürte. Wenn sie sich dem Wilden Jäger verweigerte, würde er sie gnadenlos töten, und damit auch ihr Kind.

Das war es! Ihr Kind wollte er, das ihr Erstgeborenes sein sollte …

Der Gedanke zerfaserte, und ihr Widerstand wurde schwächer.

Sie hob langsam die zitternde Hand; da sie noch nicht nahe genug bei ihm war, musste sie einen weiteren Schritt tun, tiefer in die finstere, erstickende Aura hinein. Sie hob den Fuß, und plötzlich fühlte sie, wie es leichter wurde. Sie hob die Lider und begegnete eher zufällig dem rotglühenden Blick des Wilden Jägers.

Die beginnende Schläfrigkeit fiel schlagartig von ihr ab, als sie in den feurigen Strudeln dieses uralten Auges versank, und Bilder stürmten auf sie ein, die sie nicht verstand und die ihr Angst machten.

»Nein!«, schrie die Frau auf und sprang zurück. Dabei stieß sie mit der Hand an den Felsen und klammerte sich schutzsuchend daran fest. Sich den Felsen entlang tastend, wich sie vor dem Asen zurück; schließlich stand sie an der

Kante. Unter sich hörte sie das Rauschen des Alten Stroms. »Bleib fort von mir und meinem Kind!«, keuchte sie.

»Das Kind ist mein«, grollte der Wilde Jäger. »Eben darum geht es, törichte Sterbliche.« Er lenkte das Höllenpferd auf sie zu.

In diesem Moment löste sich ein Felsbrocken unter ihren krallenden Fingern, und die Frau verlor das Gleichgewicht und taumelte. Für einen winzigen Moment verharrte die Welt um sie herum. Die Frau schwebte im Nichts, einen Fuß über der Felskante, der andere hatte gerade den sicheren Halt verlassen. Ihre haltsuchende linke Hand – in der rechten hielt sie noch das zerbrochene Felsstück –, griff nur in die Luft.

Der Einäugige näherte sich ihr, streckte ihr seine Hand hin, um sie zu halten.

»Närrisches Weib«, grollte er. »Ergreife meine Hand und rette dein Leben. Nimm sie!«

Aber die Frau fühlte sich plötzlich leicht werden, die Schmerzen wichen von ihr, und ihr Verstand wurde hell und klar wie nie zuvor. »Ich würde damit vielleicht mein Leben retten, aber ich verlöre meine Seele«, antwortete sie.

Dann war der Augenblick vorüber, und sie stürzte mit einem Aufschrei über die Felsenkante, tief hinab in den Alten Strom und wurde von seinen wütenden Strudeln verschlungen.

Der Wilde Jäger verharrte noch einen Moment, er schien nachzudenken. Die Luftgeister regten sich ebenfalls nicht.

»Wahrlich, Zeit ist es geworden«, sagte er schließlich leise, und der Zorn brannte in seinem Auge. Er erhob seine Hand wie zum Gruß gegen den großen Felsen, der daraufhin seltsam aufglühte und ein schimmerndes Licht verströmte.

Dann trieb der Herr der Windischen sein geflügeltes Ross an, stieg rasch in den Himmel hinauf und blies erneut in sein Horn. Die Wilde Horde stimmte ein Jubelgeschrei an und folgte ihm hoch oben den Fluss entlang, um ihr Zerstörungswerk fortzusetzen, und der Sturm folgte ihnen.

Es war ein tiefer Fall, jedoch die Frau wurde bei dem Aufprall nicht zerschmettert. Das Wasser fing sie mit schützenden Armen auf und umhüllte sie weich und warm und zog sie in die Gründe hinab, immer tiefer.

Und doch ist es vorbei, wusste die Frau, aber sie hatte keine Angst mehr, sondern war von tiefem Frieden erfüllt.

Und sie spürte, dass es nun kein Halten mehr gab, das Kind drängte aus der Sterbenden heraus, in die Welt der Lebenden, um nicht mit der Mutter unterzugehen.

Hab keine Angst, umflüsterten sie wispernde Stimmen, *nun bist du in Sicherheit. Der Alte Vater wird dein Kind retten und behüten. Er wird es annehmen als Siebte Tochter, die mit der magischen Stimme gesegnet ist, und ihr Name wird sein: Loreley.*

RATTENFEUER

Längst war es dunkel geworden in der Welt, und sie scharten sich ums Feuer und lauschten dem wundervollen Gesang des alten Rattenkönigs. Sie waren keineswegs müde, als er schließlich endete, und der Morgen lag noch in weiter Ferne, und so baten sie ihn um eine Geschichte. Er tat ihnen gerne den Gefallen, denn sie sollten nie vergessen, woher sie kamen.

Damals, begann Futuras, hatten über Jahrhunderte hinweg Pest, Krieg und Hungersnot die Menschen heimgesucht. Bekanntlich ist der Mensch sehr zäh, denn sonst hätte er kaum bis heute überdauern können, aber zu jener Zeit war die Grenze seiner Lebenskraft fast erreicht.

Die Landbevölkerung war nicht nur den Unbilden des Wetters, sondern auch der Willkür der Edelleute ausgesetzt, und dabei spielte vor allem die Kirche eine große Rolle. Wer nicht an der rangobersten Stelle saß oder irgendwelche anderen Möglichkeiten hatte, auf seinem Stuhl zu bleiben, war stets gut beraten, den Mund zu halten, nicht aufzufallen und zu gehorchen; die Kirche machte selbst vor dem Adel nicht halt, wenn es ihr nutzte. Inquisitionsprozesse gab es sehr schnell, selbst für hohe Herren und noch mehr für schöne Damen … so viel nur dazu.

Der Herrscher von dem kleinen Fürstentum, das ich meine, hatte in dieser Hinsicht Glück, denn sein Bruder war der Erzbischof und die große Macht im Hintergrund. Der Bischof hatte kein Interesse daran, auf dem Thron zu sitzen und sich dem Kaiser gegenüber verantworten zu müssen; er gefiel sich ausgezeichnet als der große Ratgeber und Handlanger seines Bruders. Der Fürst war ein sehr gläubiger Mann, der in schrecklicher Furcht vor der Verdammnis lebte und daher dem Bischof in allen Dingen gehorchte. Entdeckte er nur einmal so etwas wie freien Willen und wollte Dinge allein nach seiner Vorstellung tun, wurde er noch in der gleichen Nacht von so schrecklichen Alpträumen heimgesucht, dass er gleich am nächsten Morgen bereute und sich seinem Bruder zu Füßen warf und um Vergebung bat.

Die Feste lag mitten in der Stadt auf dem Burgberg, ganz in der Nähe des großen Stroms. Der Bischof hatte sich auf der Insel darin einen großen Wehrturm errichten lassen, den er als Sommerresidenz nutzte. Für viele außerhalb des Fürstentums galt er bereits als Heiliger, vor allem seines Wissens und seines erleuchteten Geistes wegen; wer ihn nicht näher kannte, hätte sich dieser Meinung sicherlich auch gerne angeschlossen. Er war eine auffallende Erscheinung, groß und schlank, sein Gang war aufrecht und würdevoll, und er trug nur schlichte Gewänder ohne Brokat und Stickereien; sein ebenmäßiges Gesicht wirkte reif und durchgeistigt, und obwohl er die fünfzig bereits überschritten hatte und für damalige Begriffe also ein alter Mann war, sah er kaum älter als achtundvierzig aus. Seine Erscheinung, sein ganzes Auftreten täuschte viele über sein wahres Wesen hinweg; er schaffte es sogar, den Blick seiner Augen warm und vom Glauben erfüllt erscheinen zu lassen. Dachte er sich jedoch unbeobachtet, so fiel die Maske von seinem Gesicht, das hart und von verbitterten Furchen durchzogen wurde, und in seinen kalten hellgrauen Augen entzündete sich ein unheimlich glimmendes, böses und grausames Licht. Ich will nicht behaupten, dass er gar nicht an Gott glaubte, aber es war ihm erfolgreich gelungen, seinen ursprünglichen reinen Glauben, den er am Anfang sicherlich gehabt hatte, weitgehend zu vernichten und den Rest, den er nicht abstreifen konnte, so zu pervertieren, dass er trotz all seiner Grausamkeit von der Richtigkeit seines Handelns überzeugt war. Aufgrund seiner charismatischen Ausstrahlung fiel es ihm nicht schwer, auch andere zu überzeugen; manchmal war er so von einem fanatischen und, wie Auswärtige sagten, *heiligen* Feuer besessen, dass er mit der Kraft seiner Stimme und seinen Worten das Volk in seinen Bann riss. Er war der Erzbischof, Gottes Diener, Gottes Hand, Gottes Mund. Es gab keinerlei Zweifel daran bei der Obrigkeit.

Ja, man konnte sich ihm kaum entziehen, wenn er öffentlich eine Rede hielt.

Aber zu Hause dann, wenn sie wieder zu sich kamen, sah es anders aus. Die einfachen Leute, die hungern mussten, waren ihm ausgeliefert, aber sie hatten ihn längst erkannt. Sie waren vielleicht nicht so vornehm und gebildet, aber jedem ist Armut bewusst, und er war reich, und das allein genügte, um sie gegen ihn aufzubringen. Gerüchte gingen um, dass er unter dem Deckmantel der Heiligen und Gerechten Inquisition unbequeme Leute beseitigte und sich willkürlich Opfer erwählte, um seine Langeweile zu vertreiben.

Die so genannten freien Bauern waren noch schlimmer dran als alle anderen, und einer von ihnen war Wolfram, dessen stolzer Name allein schon genügte, des Bischofs Blut in Wallung zu bringen.

Wolfram war ein Mann mit gesundem Menschenverstand; er war groß und schwer von Gestalt, mit einer schwarzen Wolle auf dem Haupt und einem mächtigen schwarzen Bart; er war kürzlich fünfzig geworden und schien gerade in der Blüte seiner Jahre zu stehen. Er besaß ein Stück Land, das der Familie vor Jahrzehnten vom Kaiser für besondere Verdienste auf dem Schlachtfeld geschenkt worden war, und dieses Wort galt noch heute.

Der Bischof, der diese fruchtbaren Äcker gern in seinen Besitz gebracht hätte, hatte es niemals geschafft, Wolfram Bauer zu enteignen; umso mehr hasste er ihn und seine ganze Familie, die selbst in der Stadt angesehen war. Wolfram war nicht reich, aber stolz und aufrecht, und seine Ehrlichkeit war ebenso berühmt wie die Barmherzigkeit seiner Frau Magdalena, und auch seine Kinder hatten sich schon einen Namen gemacht.

Die neunzehnjährige Uta, äußerlich ein Ebenbild der Mutter, war ein schönes Mädchen mit wallenden kupferroten Haaren und blitzenden grünen Augen; sie kam vom Charakter her ganz nach dem Vater. Johannes war mit einundzwanzig Jahren der Älteste und bekannt für seinen Verstand und seinen Fleiß; er sah ganz wie der Vater aus. Sebastian schließlich, der siebzehnjährige Jüngling, blond und sanft, wurde richtiggehend verehrt, denn er besaß eine einzigartige Gabe: eine Stimme, wie es keine zweite gab. Alle Welt verstummte, wenn er zu singen begann, und lauschte seinen wundervollen Liedern, die er zumeist selbst dichtete. Man nannte ihn die Goldene Stimme; er durfte auf keinem Fest, keiner Feierlichkeit fehlen.

Magdalena, die Mutter, war achtundvierzig, verbraucht vom Arbeiten und Gebären (zehn Kinder hatte sie auf die Welt gebracht, von denen nur diese drei überlebt hatten), grauhaarig und faltig, aber in ihrem Gesicht lag immer noch der Liebreiz ihrer Jugend, und sie hatte für jeden ein Lächeln übrig.

Sie hielten als Familie eng zusammen und verteidigten ihren Besitz eisern gegen alle bösen Einflüsse, sei es das Wetter oder der Bischof. Tagein, tagaus arbeiteten sie auf dem Felde oder zu Hause, zahlten pünktlich die Abgaben und fielen ansonsten nur durch ihre Ehrbarkeit und Bescheidenheit auf.

Der Bischof ließ allmonatlich die Steuern und Abgaben eintreiben, jeder wusste genau Tag und Uhrzeit, denn seine Knechte gingen unbarmherzig gegen jeden vor, der nicht alles rechtzeitig bereithielt.

Am Tag vor einer Eintreibung ging der Bischof zu seinem Bruder, der krank in seinem Schlafgemach lag.

»Verehrter Bruder, ich betrachte Euch mit Sorge«, begann er, während er einen Stuhl ans Bett zog.

Der Fürst röchelte leise, seine Fettleibigkeit machte ihm im Liegen ziemlich zu schaffen; Schweiß lief in Bächen über sein fieberglühendes Gesicht, während der Körper vor Schüttelfrost zitterte. »Es ist nur eine Influenza«, flüsterte er schwach. »Bald bin ich wieder wohlauf, Ihr werdet sehen.«

»Ihr solltet Euch schonen«, widersprach der Bischof. »Mein edler Fürst, Ihr seid nicht mehr der Jüngste, und nichts liegt mir näher als Euer Wohlergehen. Wenn Ihr mir vertrauen wollt, will ich gerne alle Regierungsgeschäfte einstweilen übernehmen.«

»Ihr habt mein Vertrauen stets besessen, das wisst Ihr doch«, keuchte der Fürst. »Und ich will Euch Recht geben, ich fühle mich in der Tat sehr schwach. Ich lege alles in Eure Hand, bitte Euch nur um Euren regelmäßigen Besuch.«

»Darauf könnt Ihr vertrauen«, versicherte der Bischof. »Ich werde den besten Arzt kommen lassen, dass er sich ausschließlich mit Eurer Krankheit beschäftige, und nur gesunde Speisen sollt Ihr zu Euch nehmen.«

Der Fürst klammerte sich an sein Gewand und zog sich daran hoch. »Ist denn genügend in den Vorratskammern?«, stieß er ängstlich hervor. »Es ist ein schlechtes Jahr ...«

»Es wird für alles gesorgt«, beschwichtigte der Bischof. »Ich muss die Abgaben erhöhen, aber dem Volk wird nichts zu teuer sein, wenn Ihr nur wieder gesund werdet. Ihr wisst, dass es Euch liebt.«

Erschöpft sank der Kranke zurück. »So bin ich beruhigt«, stieß er mit letzter Kraft hervor.

Sein Bruder erhob sich, schlug das Kreuz über ihm, faltete die Hände und murmelte ein Gebet. Der Atem des Fürsten ging rasselnd und pfeifend, er hatte die Augen geschlossen, aber sein Gesicht wurde friedlicher, als er den Verwandten für sich beten hörte.

»So schont Euch«, sagte der Bischof leise, »und sorgt Euch nicht.«

Als er sah, dass der Fürst eingeschlummert war, verließ er lautlos die Kammer.

Wolfram Bauer glaubte seinen Ohren nicht trauen zu können, als er am folgenden Tag hörte, dass er noch mehr von der ohnehin kargen Ernte abzugeben hatte. Die Zeiten waren schlechter denn je, das Land verwüstet vom Krieg, ausgetrocknet von der Dürre, staubig und kahl. Das Volk hatte kaum zu essen, selbst die Bauern litten Not, und nun sollten sie dem Hunger ganz und gar preisgegeben werden.

»Wovon sollen wir leben?«, grollte er mit seiner tiefen Stimme. »Wie sollen wir unsere Arbeitskraft erhalten, um die Ernte einzubringen? Mit Luft?«

»Schweig Er!«, befahl der Eintreiber streng. »Der Fürst ist krank und muss versorgt werden. Wollt Ihr Euer Wohlergehen etwa über das des Fürsten stellen, Wolfram Bauer?«

Wolframs Muskeln spannten sich an; er trug nur eine zerschlissene Hose, denn es war ein heißer Tag, und Schweiß glänzte auf seiner mächtigen sonnenverbrannten, schwarzbepelzten Brust. Die Haupt- und Barthaare sträubten sich wild, und seine Augen funkelten zornig, als er drohend auf den Eintreiber zuging, der erschrocken seine Gehilfen herbeiwinkte.

»Ich will nur essen um zu leben, Herr, denn mag ich auch ein Geringer sein, so bin ich doch ein Mensch vor den Augen des Herrn, und ich habe für meine Familie zu sorgen!«, rief er dröhnend. »Ich bin nicht gewillt, auch nur einen weiteren Heller an diese Blutsauger zu zahlen, die im Reichtum schwelgen und mit Völlerei prahlen. Das ist nicht gottesfürchtig, sagt dem Bischof das!«

Magdalena fiel ihm in den Arm, den er schon zum Schlag erhoben hatte. »Um Gottes willen, Mann, vergehe dich nicht!«, flehte sie. »So lass uns zahlen, was können wir sonst schon tun?«

»Sie scheint vernünftig, Frau«, warf der Eintreiber süffisant ein. »Wollte Gott, dass alle vernünftigen Weiber bei störrischen Eseln das Sagen hätten. Hör Er lieber auf Seine Frau, die bedeutend klüger ist als Er, Wolfram Bauer!«

Wolfram schob Magdalena beiseite und baute sich mächtig vor dem Eintreiber auf; die Kinder versammelten sich hinter ihm mit aufgestellten Ackergeräten. »Nichts werde ich zahlen, solange unsere Herren nicht endlich einsehen, dass man das Volk nicht ewig bluten lassen kann. Ich habe wie mein Vater und mein Großvater vor mir stets pünktlich und auf den Heller genau gezahlt, selbst zu Zeiten des Krieges. Aber ich kann nicht mehr hergeben, als ich besitze, und ich will meine Familie wegen der sinnlosen Gier anderer nicht verhungern lassen. Ich werde jedes erträgliche Maß zahlen und meinem Herrn dienen, so lange er Gerechtigkeit walten lässt, und darüber hinaus - nichts. Sagt das dem Bischof!«

Der Eintreiber überlegte einen Moment; seine Knechte hielten die Waffen schon bereit, aber dann winkte er ab. »Wir kommen wieder, Wolfram Bauer«, erklärte er kalt, drehte sich um und ging.

»Lieber Mann, du bringst Unglück über uns!«, sagte Magdalena entsetzt, als die Männer fort waren. »Wir können uns nicht wehren, das weißt du genau!«

»Aber Vater hat recht, wir können uns nicht alles gefallen lassen!«, warf Johannes ein, und Uta fügte hinzu: »Wir sind freie Bauern und keine Sklaven!«

»Und wie sollen wir uns gegen die Soldaten des Fürsten wehren?«, fragte Sebastian. »Mit bloßen Fäusten?«

»Am Ende werden sie uns alles nehmen!«, rief Magdalena.

»Seid still!« schrie Wolfram. »Es stimmt wohl, dass eine Schreckensherrschaft für den Herrschenden gewisse Vorteile mit sich bringt. Aber für jedes Volk kommt einmal die Zeit, zu der es die Pein nicht mehr ertragen kann und lieber bricht, als sich weiter zu beugen. Irgendwann hat man nichts mehr zu verlieren, und dieser Zeitpunkt ist nicht mehr fern. Ich kann und werde diese Tyrannei nicht mehr länger hinnehmen. Ich weiß, dass ich nicht der einzige bin, der so denkt. Und jetzt – kein Wort mehr. Wir haben noch viel zu tun.«

In dieser Nacht kehrten die Männer des Bischofs mit einem eindeutigen Befehl zurück. Ohne Vorwarnung brachen sie durch die Holztür hindurch und zerrten Vater Wolfram aus dem Bett. Magdalena klammerte sich jammernd an ihn, und einer der Soldaten trat sie grob beiseite. Mit einem Aufschrei warfen sich die beiden Söhne waffenlos auf die Männer und wurden niedergeschlagen, während der Vater aus dem Haus geschleppt wurde, und keiner konnte verhindern, dass sie ihn fortbrachten.

Der Fall Wolfram Bauer wurde schnell bekannt, aber jedes noch so leise Murren wurde von den Schergen des Bischofs schon im Keim erstickt. Während die Älteren sich beugten, gab es bei den Jungen jedoch Zusammenkünfte, ganz kurz nur und so heimlich, wie ein Hase am Morgen den Acker betritt. Unter ihnen war Johannes, Wolframs erstgeborener Sohn, der überlegte, wie man am besten in die Feste einbrechen konnte. »Denn«, so erklärte er, »zum Bischof zu gehen hat wenig Sinn, da er meinen Vater in den Kerker warf.«

»Vielleicht wurde ihm Falsches zugetragen?«, warf einer der anderen Jünglinge ein.

»Nein«, widersprach Johannes. »In diesem Land lebt keine falsche Zunge lang. Der Bischof ist unser Herr, das wissen wir alle, und seit der Fürst krank ist, nutzt er seinen Vorteil nur noch mehr aus. Ich bitte euch nur um eines«, fuhr er in anderem Tonfall fort, und die Freunde neigten sich ganz nah zu ihm, »lasst den Funken nicht verlöschen. Ich werde alles versuchen, um meinen Vater zu retten, und wenn es mir gelingt, so sehe ich noch Hoffnung. Falls es mir aber nicht gelingt, sollt ihr euch stets daran erinnern und daran denken, dass der Mensch nicht als Sklave geboren wurde, sondern frei, nur Gottes Gesetzen unterworfen. Es kann nicht richtig sein, dass Menschen in Seinem Namen andere Menschen leiden lassen, während sie selbst im Überfluss schwelgen.«

»Willst du denn ganz allein in die Feste einbrechen?«, fragte ein Verschwörer erschrocken.

»Ja«, sagte Johannes und nickte. »Ich will keinen von euch da hineinziehen. Es ist niemandem geholfen, wenn wir alle in des Bischofs Kerker landen. Denn euch brauche ich für später, ob mit mir oder ohne ich, dass ihr überall erzählt, wie es wirklich war, dass ihr vor allem den Widerstandsgeist in euren Vätern weckt. Um mich macht euch keine Sorgen. Entweder ich schaffe es allein, oder keinem gelingt es.« Er winkte ab, als die anderen heftig protestieren wollten; seine Bewegungen waren so entschieden, sein Gesicht so streng und entschlossen, dass sie verstummten.

»Um einen Dienst bitte ich euch«, fuhr er fort. »Ich will Vater Wolfram heute Nacht befreien. Sollte ich bis zum Morgengrauen nicht zurück sein, allein oder zu zweit, dann geht zu meiner Mutter und erklärt ihr alles. Sie soll es als erste von euch erfahren, und sagt ihr, ich bitte sie um Verzeihung und um ihren Segen.«

Seine Freunde willigten schweren Herzens ein, da ihnen keine Wahl blieb. Johannes erhob sich, schaute einem jeden fest in die Augen und ging wortlos. Unterwegs prüfte er seine Gefühle, denn er wusste, dass er beim leisesten Zaudern versagen musste, aber er war völlig ruhig und sicher.

Gleichwohl, in den Kerkerturm des Fürsten einzubrechen war beinahe dieselbe Herausforderung, wie einem Fisch das Landleben beibringen zu wollen; Johannes sah jedoch keine andere Möglichkeit, den Vater zu retten.

Johannes ging gar nicht erst nach Hause, sondern wartete in einem Versteck in der Nähe der Burg auf den Sonnenuntergang. Er hatte in Erfahrung gebracht, dass an jenem Abend noch mehrere Fuhren Heu erwartet wurden; die auch pünktlich kurz vor der Dämmerung eintrafen. Zehn Karren waren es, jeweils von zwei Ochsen gezogen, die unter schrecklichem Lärm und Staub langsam auf das von zwei Soldaten bewachte Tor zurumpelten. Johannes wartete ab, bis die Karren aufgehalten wurden und sprang im Schutz der Staubwolken auf einen Wagen auf und wühlte sich blitzschnell ins Heu. Die beiden Soldaten hatten an den Zollpapieren nichts auszusetzen, und da der Bischof ansonsten keine besonderen Vorkehrungen hatte, konnten die Wagen schnell und ungehindert in den Burghof hineinfahren. Johannes schlüpfte ungesehen in eine Nische links vom Haupteingang und sah sich aufatmend um. In der Burg herrschte geschäftiges Treiben, und es fiel ihm nicht schwer, sich unauffällig unter die Leute zu mischen und vorzugeben, als hätte er wie alle anderen schrecklich viel zu tun; währenddessen konnte er gut die Örtlichkeiten auskundschaften. Das Hauptgebäude hatte er rasch ausgemacht, ebenso den finsteren Kerkerturm daneben. Sämtliche Zellen und Folterkammern befanden sich in diesem hohen runden Turm, der für sich allein inmitten des Burghofs stand, kaum bewacht, da ohnehin keiner Wert darauf legte, freiwillig hineinzugehen; und heraus war bisher noch keiner auf eigene Faust gekommen. Johannes entschied sich, bis zum Einbruch der Nacht zu warten, die Wache abzulenken und hineinzuschlüpfen.

»Wo ist Johannes?«, fragte die Mutter am Abend beim Essen.

»So weit ich weiß, hatte er eine Verabredung«, antwortete Uta. »Mach dir keine Sorgen, Mutter.«

»Er wird bestimmt bald kommen«, fügte Sebastian hinzu.

Die Mutter schaute vom einen zum anderen. »Ihr verheimlicht mir etwas«, stellte sie argwöhnisch fest.

»Aber nein«, widersprach Uta. »Du machst dir immer viel zu viele Gedanken, Mutter. Ihr Mütter seid doch alle gleich.«

»Und doch ist es so«, erwiderte Magdalena bestimmt, während sie aufstand und den Tisch abräumte. »Ihr könnt mir nichts vormachen.«

In diesem Moment erzitterte die Tür unter stürmischem Klopfen, und sie konnten die Stimmen von zwei Freunden von Johannes hören.

Sebastian öffnete rasch die Tür, und die Jünglinge stürmten mit bleichen Gesichtern und ohne Gruß herein.

»Sie haben Johannes verhaftet!«, platzte der Jüngere heraus.

»Heilige Maria!«, stieß Magdalena hervor. »Ich ahnte es!« Sie schlug die Hände zusammen und sank schweratmend auf einen Stuhl.

»Wie ist das geschehen?«, rief Uta.

»Er brach in den Kerkerturm ein!«, antwortete der Ältere.

»Das kann nicht sein«, unterbrach ihn Sebastian. »Noch keinem Menschen ist das je gelungen.«

»Und doch ist es wahr!«, fuhr der Jüngling fort. »Johannes gelang das Unglaubliche! Wir hörten die Geschichte von Leuten, die dabei waren, als sie ihn fingen. Johannes ist unbemerkt hineingekommen, ja, er fand sogar Vater Wolfram, aber beim Versuch, ihn zu befreien, wurde er gefangengenommen. Der Bischof selbst hat ihn verhört!«

»Jesus, sei bei uns!«, schluchzte Magdalena. »Er hat ihn gefoltert! Gibt es Beweise, dass er noch lebt?«

»O ja.« Der Jüngere nickte. »Beide sind im Schnellverfahren des Aufrührertums für schuldig befunden worden und sollen zur Warnung in den nächsten Tagen öffentlich gehängt werden.«

»Mein Gott«, sagte Uta. »Johannes muss verrückt geworden sein. Warum habt ihr ihn denn nicht zurückgehalten? Wir sind von einer Versammlung ausgegangen!«

»Die Versammlung fand statt, und wir versuchten ihn zu hindern, das musst du uns glauben, Uta. Aber es gelang uns nicht!«, antwortete der Ältere. »Beim Heiligen Antonius, wir wollten ihn hindern, aber er war wie besessen! Er sah darin die einzige Möglichkeit, Wolfram Bauer zu retten!«

»Und so habe ich beide verloren!«, schrie Magdalena. »Wie, bei allen Heiligen, soll jetzt das Land bestellt werden?«

Der Ältere ergriff ihre Hände. »Beruhigt Euch, Mutter Magdalena«, sagte er verzweifelt, »wir werden Euch helfen. Niemand lässt Euch im Stich, glaubt uns. Johannes nahm uns den Schwur ab, Euch zur Seite zu stehen, und durch uns erfleht er auch Eure Verzeihung und Euren Segen.«

»Meinen Segen!«, sagte sie verbittert. »Segen, wofür? Dass er den Verstand verlor? Schöne Freunde seid ihr, das ist das Einzige, was ich dazu sagen kann. Ich bitte euch, geht. Lasst mich in meinem Schmerz allein!«

Bedrückt gingen die beiden Jünglinge. Magdalena trocknete ihre Tränen ab und erhob sich, um ihre Arbeit fortzusetzen, ihr Gesicht war verschlossen.

Uta sagte: »Ich werde morgen früh versuchen, die beiden zu besuchen. Sebastian, du bleibst bei Mutter.«

Magdalena schüttelte den Kopf. »Ich werde gehen.«

»Nein, Mutter. Lass mich gehen. Du könntest es niemals ertragen, und am Ende würden sie dich auch noch verhaften.«

Magdalena gab schweren Herzens nach.

»Nur für einen kurzen Augenblick!«, flehte Uta verzweifelt. »Das könnt Ihr mir doch nicht verwehren!«

Der Wachtposten blieb unerbittlich. »Es tut mir leid. Auf Befehl des Bischofs darf ich niemanden vorlassen.«

»Ihr Unmensch!«, stieß Uta erbost aus. »Gott wird Euch Eure Güte vergelten!« Zornig wandte sie sich zum Gehen und stieß beinahe mit einem hochgewachsenen Mann zusammen, der sie aus kühlen grauen Augen musterte. Sie erkannte in ihm sofort den Bischof und neigte den Kopf. »Ich bitte um Vergebung, Herr«, sagte sie leise. »Aber der Schmerz lässt meine brennenden Augen erblinden.«

»Wer seid Ihr?«, fragte der Bischof mit autoritärer Stimme.

Sie hob den Blick. »Ich bin Uta, die Tochter von Wolfram Bauer und Schwester von Johannes Bauer.«

Der Bischof hob eine Braue. »Stolz seid Ihr alle, scheint mir«, sagte er hart. »Ich sehe, dass Nachsicht nichts einbringt. - Wie dem auch sei, ich kann im Augenblick keinen Besuch gestatten, Uta Bauer. Geht nach Hause.«

»Ja, Herr«, sagte sie zitternd und verließ bekümmert den Burghof.

Der Bischof sah ihr nachdenklich nach.

Mutter Magdalena wusste schon Bescheid, noch ehe Uta berichten konnte. »Ich hätte gehen sollen, nicht du. Mich hätten sie nicht zurückgehalten.« Sie erhob sich und griff nach ihrem Schal.

»Was hast du vor?«, erkundigte sich Sebastian.

»Ich werde zum Bischof selbst gehen«, erklärte sie.

»Das wirst du nicht«, riefen beide Kinder wie aus einem Mund. »Er wird dich nicht einmal zu sich vorlassen.«

»Du wirst dich nicht derart demütigen!«, fuhr Sebastian fort. »Sieh es ein, Mutter, es hat keinen Zweck. Du würdest nichts, aber auch gar nichts ausrichten können.«

Magdalena atmete schwer. »Nun gut. Aber dann schwörst du mir, mein Sohn, dich ebenfalls von dem Turm fernzuhalten.«

»Aber …«

»Schwöre. Schwöre hier und jetzt, oder ich werde gehen.«

»Also gut«, lenkte Sebastian widerwillig ein. »Ich schwöre dir, dass ich nicht zur Burg gehen werde, weder zum Bischof, noch zum Turm, um die beiden zu befreien.«

Am nächsten Tag wurde Uta zusammen mit einer Freundin auf dem Markt von Soldaten des Bischofs aufgehalten.

»Der Bischof wünscht Euch zu sprechen, Uta Bauer«, sagte der Anführer.

»Mich?«, fragte Uta erstaunt. »Seid Ihr Euch da ganz sicher?«

»Es geht um Euren Vater und Euren Bruder«, erklärte der Mann.

Uta fühlte ihr Herz im Hals pochen, und sie überlegte keinen Augenblick. Rasch drückte sie ihren Korb der Freundin in die Hand. »Bring du diese Sachen meiner Mutter«, bat sie. »Aber verrate ihr nicht, wohin ich gegangen bin! Sag ihr, ich sei bei Abt Gregor, und es würde vielleicht spät werden. Sie soll sich keine Sorgen machen.«

Das Mädchen nickte verstört; Uta folgte den Männern, noch ehe sie etwas dazu sagen konnte.

Der Bischof erwartete sie in seinem Studierzimmer, was Uta nach allem desto mehr erstaunte, aber sie verbarg ihre Furcht hinter ihrem Stolz.

»Ihr habt mich rufen lassen, Herr?«, sagte sie ruhig.

Der Bischof legte den Federkiel beiseite und lehnte sich in

seinem Stuhl zurück. Seine kalten Augen musterten sie abschätzend; er gab sich keine Mühe, sein Wesen vor ihr zu verbergen.

Entweder wollte er sie einschüchtern, oder es war ihm schlicht gleichgültig, wobei ich eher Letzteres annehme. Der Bischof war ein Mann, der sich nur von seinem Verstand leiten ließ.

»Eure Familie bringt sehr viel Unruhe in dieses Land«, sprach er mit seiner etwas rauen Stimme.

»Wir haben …«, begann Uta.

»Ihr hetzt das Volk gegen den Fürsten auf, und das ist beinahe ebenso schlimm wie Hexerei«, unterbrach der Bischof. »Ich werde solches Verhalten nicht dulden. Ich kann es nicht dulden wegen meiner Verpflichtung und Verantwortung gegenüber meinem Bruder. Sieht Sie das ein, Uta Bauer?«

»Wir brauchen zu essen«, sagte sie leise. »Die Ernten sind schlecht, das Land ist ausgeblutet. Wir können nicht mehr geben als wir haben.«

Der Bischof hob eine schwarze Braue, seine Augen begannen in einem gefährlichen Licht zu glitzern. »Wollt Ihr damit sagen, ich behandle Euch ungerecht?«, fragte er lauernd.

»Natürlich nicht!«, erklärte Uta bestimmt. Ihr Verstand arbeitete fieberhaft, die Gedanken überschlugen sich. »Ihr seid ein heiliger Mann und gottgefälliger als irgend jemand sonst. Eure Güte kennt keine Grenzen, das wissen wir alle. Der Beweis ist meine Anwesenheit hier in diesem Zimmer.«

Der Bischof stutzte kurz, dann huschte ein seltsames Lächeln über sein hartes Gesicht. »In der Tat«, stimmte er zu.

»Ihr könnt Eure Augen nicht überall haben«, fuhr sie schnell fort, sich verzweifelt an den seidenen Faden klammernd. »Und so könnt Ihr selbstverständlich nicht wissen, dass mancher Steuereintreiber Euch hintergeht und uns mehr wegnimmt, als Ihr verlangt, und es als seine Beute betrachtet. Da wir als gemeines Volk Euch damit nicht zu belästigen wagen – und ohnehin von den Wachen schon an den Toren zurückgewiesen würden –, versuchen wir uns auf unsere Weise zu wehren. Wir konnten nicht wissen, dass diese Menschen auch noch so dreist sind, Euch Lügen über uns zu berichten. Mein Vater ist unschuldig, Herr. Er hat nichts Unrechtes getan.«

»So.« Der Bischof stützte den Kopf nachdenklich mit einer Hand auf. »Und Ihr Bruder?«, hakte er dann nach. »Wie steht Sie dazu?«

»Das war ein schweres Vergehen«, gab sie mutig zu. »Er ist ein Heißsporn, wisst Ihr, und er wollte Soldat zur Ehre des Fürsten werden, sobald Sebastian alt genug wäre, an seine Stelle zu treten. Er ist wagemutig und tollkühn, und die Verzweiflung und Liebe zu seinem Vater ließen ihn alle Vernunft vergessen. Er hat nicht darüber nachgedacht, was er tat, aber wenn Ihr ihm die Möglichkeit gebt zu bereuen, wird er sich willig Eurer Gnade unterwerfen und jede Buße auf sich nehmen.« Uta holte erschöpft Atem; innerlich bebte sie, und das Blut rauschte in ihren Ohren.

»Wie kann ich wissen, dass du mich nicht hintergehst?«, sprach der Bischof plötzlich in verändertem Tonfall, und Uta zuckte unter der persönlichen Anrede zusammen. »Vielleicht willst du mir nur Sand in die Augen streuen, um zu verschleiern, dass ihr alle nichts weiter als verräterische Ketzer seid?«

»Ihr könnt mich prüfen, Herr«, flüsterte sie. Sie wich zurück, als der Bischof aufstand und drohend auf sie zuging.

»Das werde ich tun müssen, wenn ich deinen Worten Glauben schenken will«, sagte er. »Wie soll ich sonst wissen, ob du je tugendhaft und sittsam gewesen bist und gottgefällig gelebt hast? Am Ende bist du auch nur eines dieser verderbten Frauenzimmer, die ihre eigene Mutter noch verkaufen, wenn sie sich einen Vorteil dafür verschaffen können!«

Uta schluckte und schloss für einen Moment die Augen. Ein eiserner Ring schloss sich um ihren Magen, und sie fühlte, wie ihr übel wurde.

»Wenn … wenn ich Euch von unserer Aufrichtigkeit und Unschuld überzeugen kann, lasst Ihr dann meinen Vater und meinen Bruder frei?«, fragte sie mühsam.

»Das werde ich tun. Ich bin der Diener meines Herrn, und Gottes Güte ist unendlich.«

Abt Gregor war rechtschaffen müde; der Tag war arbeitsam gewesen, und nun wurde es Zeit, die Pforten zu schließen. Ein letzter Rundgang noch durch die Kirche, eine kurze Zwiesprache mit Gott, und dann durfte er ruhen.

Er hatte kaum die halbdunkle Kirche betreten, als aus den Schatten wie ein Blitz jemand auf ihn zuschoss, zu seinen Knien niedersank und sich an sein Gewand klammerte, den Kopf in den Stofffalten bergend.

»Vater, vergebt mir, ich habe gesündigt«, drang die erstickte Stimme einer jungen Frau an sein Ohr.

»Mein Kind, möchtest du beichten?«, fragte er; sofort vertrieb das Pflichtbewusstsein seine Müdigkeit. Hier war jemand zutiefst verzweifelt und brauchte seine Hilfe. Er erschrak, als die junge Frau das schmerzverzerrte, tränenüberströmte Gesicht zu ihm hob. Es war Uta Bauer.

»Ja, Vater«, schluchzte sie, »ich möchte beichten, aber ich muss es Euch ins Angesicht sagen. Bitte, habt Mitleid mit mir! Ihr wart mir und meiner Familie stets ein guter Freund! Ihr seid der Einzige, dem ich mich anvertrauen kann! Ich brauche Eure Hilfe!«

»Hast du jemanden getötet?«, rief er entsetzt, denn er konnte sich nichts Schlimmeres vorstellen.

Sie schüttelte den Kopf. »In Gedanken ja, Vater, aber nicht in der Tat. Bitte, bitte, lasst mich mit Euch sprechen, und ich flehe Euch an, vergebt mir! Und nie - niemals darf ein Wort über das, was Ihr von mir hört, an das Ohr irgendeines anderen Menschen gelangen. Versprecht mir das!«

»Du weißt, mein Eid verpflichtet mich -«

»Schwört es mir, Vater!«

»Ja, Kind. Natürlich. Ich schwöre es dir vor dem Antlitz unseres Herrn, dass ich nichts, solange du lebst, verlauten lassen werde.«

Sie zerrte an seinem Gewand, schüttelte es. »Ich habe nichts mehr zu erwarten außer Eurer Gnade ...«, klagte sie.

»Mein Kind, beruhige dich erst einmal«, unterbrach Abt Gregor sie besänftigend und zog das zitternde und wimmernde Mädchen vom Boden hoch und führte es in die Sakristei.

Uta kam erst sehr spät nach Hause, die Mutter war schon in heller Aufregung. Das Mädchen war kreidebleich, die Augen rot und entzündet, das Gesicht leer und müde. Es gab kaum Antwort auf die drängenden Fragen der anderen.

»Ich muss morgen noch einmal in die Stadt«, erklärte sie nur. »Vater Gregor hat mir einen Auftrag gegeben, den ich ausführen muss. Aber dann - dann wird alles anders sein. Vertraut mir.«

Uta war sich natürlich selbst nicht so sicher, wie sie tat, aber sie war trotz allem hoffnungsvoll. Abt Gregor hatte sich ihre Geschichte angehört, und wenn er sein Entsetzen auch nicht verbergen konnte, so verdammte er Uta keineswegs, wie es ein anderer Mann der Kirche vielleicht getan hätte.

Gregor war mit gesundem Menschenverstand ausgestattet; zudem war er schon lange der Ansicht, dass die Ausbeutung des Volkes vielleicht im Sinne der Kirche, nicht aber im Sinne der Religion an sich sein konnte. Gregor war ein kräftig gebauter Mann mit Witz, Mut und streitbarem Verstand. Solche gab und gibt es nicht viele, hört meine Worte.

Er tröstete Uta besser, als irgendein anderer es je vermocht hätte, und, was das wichtigste war, er stimmte ihr zu, dass ihr absolut keine Wahl geblieben war. Dieser neuerlich entdeckte Wesenszug des Bischofs überraschte den braven Mann keineswegs, hatte er doch früher schon ähnliche Gerüchte gehört. Ein leiser, winziger Hauch von Revolution erwachte in ihm, während er die schluchzende Uta in seinen Armen hielt; aber es war noch zu früh. Sein Verpflichtungsgefühl der Kirche gegenüber war noch stärker.

Dennoch ging er am anderen Morgen nicht in die Stadt, als Uta schon unterwegs war, er hatte zu tun und zu viel Angst.

Uta ging geradewegs zur Feste, als ihr auffiel, dass ungewöhnlich viele Leute unterwegs waren, die sie merkwürdig anstarrten.

»Was ist denn los?«, fragte sie erstaunt, ohne jemand Bestimmten anzusprechen; doch als sie fortfahren wollte, blieben ihr die Worte im Halse stecken, ihre Augen weiteten sich vor Entsetzen, und ihr Gesicht spiegelte das Grauen wider, das sie sah.

Vor ihr, mitten auf dem Marktplatz, baumelte der Leichnam ihres Vaters im Wind. Er war kaum mehr wiederzuerkennen, die Folterknechte hatten ganze Arbeit geleistet, und dennoch konnte es kein anderer sein als Wolfram Bauer. Die Hinrichtung musste vor kurzem stattgefunden haben, denn der Bischof und seine Schergen standen noch auf dem Podium.

Uta verstand nicht mehr, was der Bischof rief, als er sie entdeckte, sie bekam auch kaum mit, wie sie von eisenharten Händen ergriffen wurde. Ihr geschwächter Verstand, die mühsam unter Kontrolle gehaltenen Gefühle konnten diesen neuerlichen Schock nicht mehr ertragen, Hysterie und Wahnsinn überwältigten sie, und sie begann wie irrsinnig zu schreien.

»Seht sie euch an!«, fuhr der Bischof fort. »Braucht es noch mehr Beweise, dass sie eine Hexe ist?«

Ich bin sicher, dass es ihm nicht schwerfiel, die Leute zu überzeugen, denn er fügte noch einige unglaubliche Bemerkungen hinzu, die ich hier nicht erwähnen möchte. Zu allem kam noch, dass Utas rote Haare sich wie elektrisiert sträubten, aus ihren irrlichternden Augen sprühte rasender Hass.

Je mehr Uta schrie, desto mehr wurden die Leute aufgestachelt, ihre Beschuldigungen gegen den Bischof (der daraus mehr und mehr Beweise dafür zog, dass sie eine Hexe war) trieben sie zur Raserei. Dem Bischof lag nichts an einer Verhandlung, damit die Leute nicht zur Ruhe kamen und nachzudenken begannen; unnötiges Gerede, unangenehme Worte mussten vermieden werden. Je wilder sie wurden, desto mehr brachte er sie auf, und so warf die hysterische Masse das gepeinigte Mädchen in die Flammen, um den Teufel aus ihr zu treiben.

Der Bischof gab dem Volk Gelegenheit, endlich allen Hass, allen Zorn, die ganze Verzweiflung ihres elenden Daseins auszuleben.

Wie ihr alle wisst, wird jedes eingesperrte ausgehungerte Tier tollwütig, und das nützte er aus. Hinterher würden sie verbraucht und müde sein, und der schwach aufgekommene Widerstandsfunken wäre damit schon im Keim erstickt worden. Er überlegte kurz, ob er sie nicht noch auf den Hof der Familie hinausjagen sollte, entschied sich jedoch anders, da dies zu viele Risiken barg. Magdalena und ihr jüngster Sohn konnten ihm ohnehin nicht mehr gefährlich werden. Magdalena war zu alt, verbraucht und gottesfürchtig, Sebastian viel zu sanft und versunken in der Welt seines Gesangs. Außerdem hatte er immer noch Johannes als Druckmittel; Johannes, der ganz unten im Turm lag, in der feuchtesten, kältesten und dunkelsten Kammer, und der bis auf diesen Tag trotz aller Folter kein Wort gesprochen hatte. In seinem schmerzerfüllten Blick lagen nur wilder Hass und Stolz, keine Demut, kein Flehen. Der Bischof wollte ihn so lange am Leben erhalten und leiden lassen, bis er endlich zerbrach; er wusste, dass kein Mensch auf Dauer einen so starken Willen besitzen konnte.

Und er hatte ja Zeit, so viel Zeit.

Magdalena erlitt einen Herzschlag, als sie die furchtbare Geschichte erfuhr. Es gibt keine genauen Auskünfte darüber, wie und von wem ihr die Nachricht überbracht wurde, ebenso wenig wie ich Genaueres über das weitere Geschehen auf dem Marktplatz berichten kann. Die Leute kamen wohl irgendwann wieder zu sich und empfanden vermutlich so viel Entsetzen, dass sie den Vorfall vor sich selbst leugneten und als bösen Alptraum abtaten, wie es den Menschen zueigen ist. Sie wussten, dass sie sich alle an etwas Furchtbarem mitschuldig gemacht hatten, obwohl in ihnen schon lange der Wunsch nach etwas ganz anderem gewachsen war; daher war es begreiflicherweise desto schwerer für sie, darüber hinwegzukommen.

Und dennoch hatte Magdalena ziemlich schnell erfahren, was geschehen war, und überlebte es nicht. Nur ein kurzer Schrei kam über ihre Lippen, sie schlug die Hände über dem Kopf zusammen und sank tot zu Boden.

Sebastian sagte nur zwei Worte: »Jetzt reicht's«, und dann verschloss er die Tür. Einige Tage lang sah und hörte man nichts von ihm, und mancher meinte schon, er habe sich vielleicht das Leben genommen.

Aber niemand kam, um nach ihm zu sehen, alle mieden den Hof, denn die eigene Schuld wog zu schwer. Der Hof sei verflucht, erklärten sie laut und öffentlich, die Geister der Toten sollten dort umgehen. Der Bischof ließ den Hof links liegen, für ihn existierte er nicht mehr. Erst später würde ihm einfallen, dass die Ländereien auf ihn warteten.

Im Augenblick jedoch gab es andere Dinge. Der Fürst war immer noch schwerkrank, und es stand längst außer Frage, dass er das kommende Jahr nicht mehr erleben würde. Der Bischof machte sich mit dem Gedanken vertraut, als sein Erbe bald der absolute Herrscher über das Land zu sein, mit Thron und Krone, und allmählich gefiel ihm diese Aussicht immer besser. Nicht mehr lang, und er hatte das Volk so zermürbt, so fest in der Hand, dass er ohne Probleme alle Verantwortung auf sich nehmen konnte.

In diese Träume hinein kam einer seiner Männer mit der Nachricht, dass der Bauersche Hof abgebrannt sei, und in seinen Trümmern habe man menschliche Knochen gefunden; es könne daher kein Zweifel daran bestehen, dass nun auch Sebastian umgekommen sei. Der Bischof erinnerte sich nun an die Felder und setzte sofort einen neuen Pächter ein, der an anderer Stelle ein neues Haus zu bauen begann. Danach ging er gutgelaunt in den Turm zu Johannes, der in seinem feuchten Gefängnis vor sich hindämmernd auf einem winzigen, vergammelten Bündel Stroh lag. Er legte einen Arm über den Kopf und kauerte sich wimmernd wie ein Tier zusammen, als der Lichtstrahl durch die geöffnete Tür wie ein Blitz auf sein Gesicht fiel; er sah elender aus als ein räudiger Hund, und sein Anblick versetzte den Bischof nahezu in Euphorie.

»Dein Bruder ist nun auch tot«, erklärte er kalt und grausam. »Alle sind gestorben, wie es ihnen zukam – elend wie Ratten. Nun bist du der Letzte deiner verfluchten Familie, und, bei Gott, du wirst für alle ihre Sünden büßen. Du brauchst auf niemanden mehr zu hoffen, du bist allein auf der Welt. Niemand dort draußen verschwendet auch nur einen einzigen Gedanken an dich. Wenn du mich jetzt um Gnade bittest, so will ich dich rasch und schmerzlos dem Tod übergeben. Ich bin kein Unmensch, und auch nicht der Richter vor meinem Herrn, darum gewähre ich dir diese Gunst. Also nutze sie, Ketzer!«

Er trat näher zu dem Gefangenen, als dieser eine schwache Bewegung machte, und starrte auf den vom Arm beschützten, halb verborgenen Kopf. Er zuckte zurück, als aus dem Dunkel heraus das rötliche Glühen von zwei Augen auf ihn traf; dieser Blick war so unheimlich, wild, hasserfüllt und fremd, dass er für einen Moment wankend wurde.

»Leck-mich-am-Arsch«, erklang Johannes' Stimme leise und sehr heiser, aber von einer ungeheuren Kraft beseelt.

Der Bischof hatte seinen Meister gefunden, aber es fiel ihm nicht ein, das zuzugeben; vielleicht wollte Johannes auch einen Wutausbruch mit seinem eigenen Tod zur Folge provozieren.

»Nun«, sagte der Bischof. »Störrisches Vieh, elende Kreatur. Wenn ich jemals ein Gefühl gekannt hätte, so hätte ich jetzt Mitleid mit dir empfunden. Aber ich bin vom Verstand beherrscht, und der sieht nur ein nutzloses Tier, dumm vor Stolz. So krepiere denn, Johannes Bauer, langsam am lebendigen Leib verfaulend. Oh, dein Tod wird dauern … noch lange.« Abrupt drehte er sich um und ließ die Eisentür hinter sich zufallen. Er war froh, dass Wolfram Bauers Familie endlich ausgelöscht war.

Was der Bischof allerdings nicht wusste, war, dass Sebastian durchaus noch am Leben war. Für jeden Menschen kommt irgendwann einmal die Entscheidung, welchen Weg er nehmen wird. Die Auswahlmöglichkeiten sind manchmal mehr als schlecht: entweder unterzugehen oder sein Selbst grundlegend zu ändern. Für Sebastian war es keine Frage, was nun zu tun war, als seine Mutter tot zusammengebrochen war. Er wusste genau, dass sein Bruder noch lebte, er wusste genau, was sowohl er als auch Wolfram Bauer an seiner Stelle tun und nun von ihm erwarten würden. Das Maß war voll, das Fass übergelaufen, es war an der Zeit zu handeln. So tat Sebastian nur so, als würde er seine Mutter christlich bestatten; in Wirklichkeit behielt er sie im Haus, damit alle dachten, dass er verbrannt sei. Nachdem er den Hof in Brand gesteckt hatte, flüchtete er zu Abt Gregor ins Kloster; jener erschrak nicht wenig, als er den jungen Mann so verändert fand. In Sebastians Augen lag kein Funken Wärme mehr, er hatte beim Tod seiner Familie weder Schmerz noch Trauer empfinden können, nur kalten tödlichen Hass. Sein Gesicht zeigte grimmige Entschlossenheit, als er zum Abt kam und mit ihm zu sprechen verlangte; und seine wunderbare Stimme war autoritär und gefühllos.

»Vater, meine Schwester war vor ihrem Tod bei Euch«, begann er ohne Umschweife, »und ich will wissen, was sie Euch erzählte. Vergesst Euer Beichtgeheimnis, sie ist tot und die Zeit reif, etwas zu unternehmen. Wenn Ihr mich nicht unterstützen wollt, werde ich Euch töten und Eure Rolle übernehmen. Mich kann jetzt nichts mehr aufhalten.«

Der Abt erkannte, dass ihm keine Wahl blieb, er musste Sebastian unterstützen, wenn er sich nicht selbst verleugnen wollte. Vor allem lastete die Schuld sehr schwer auf ihn, weil er Uta im Stich gelassen hatte - aus Angst um sein eigenes Leben. Selbst seine täglichen Gebete und auferlegten Bußen konnten das nicht mehr tilgen. Es war Verrat an Gott gewesen, und an seinem Sohn, der für die Menschen am Kreuz gestorben war.

Und er sah, dass der junge Mann von einem heiligen Feuer durchdrungen war: er war die einzige Hoffnung. Er wollte Utas Geheimnis nicht verraten, schließlich hatte er geschworen, und er schämte sich zu sehr, aber Sebastian presste es aus ihm heraus. Der Junge wurde sehr blass, doch es drang kein Laut über seine verschlossenen Lippen.

Als er sich wieder gefasst hatte, gingen sie ans Ausarbeiten von Plänen für die große Revolution. Sebastian wusste, was zu tun war, und Vater Gregor wusste, wie die Leute aufzuwecken waren. Sie mochten vielleicht leugnen, dass sie an Utas Verbrennung beteiligt gewesen waren, aber desto mehr konnten sie alle Schuld auf den Tyrannen schieben. Vor Gott brauchten sie keine Angst zu haben, da ein ganzes Kloster auf ihrer Seite stand und sie unterstützte. Und dann waren da noch Johannes' Freunde, die allein schon wegen ihrer Selbstvorwürfe zu allem bereit waren.

Es ging noch leichter als gedacht, eine Rebellentruppe zu organisieren; die Zeit war wirklich reif, das trat immer deutlicher zutage, als der Bischof härter denn je durchgriff und die Zellen des Turms sich allmählich zu füllen begannen. Sebastian ging langsam, aber geschickt vor. Ein offener Kampf oder auch nur leises Aufbegehren wäre sinnlos gewesen; es gab auch keine Möglichkeit, die Burg im Sturm zu nehmen – noch nicht. Im Augenblick wurde jeder Mann gebraucht; bevor zu härteren Angriffen übergegangen werden sollte, musste erst einmal die Moral der fürstlichen Truppen geschwächt werden.

So gab es ständige, an mehreren Stellen gleichzeitig ausgeführte kleine Anschläge. Hier wurde ein Steuereintreiber überfallen, dort ein Wachtposten erschlagen, bekannte Häuser wurden durch Brand zerstört, seltsame Vorgänge geschahen hinter den Mauern der Burg.

Sebastian und Gregor, wohl behütet im Kloster, bauten ein weitläufiges Netz von Spitzeln und Helfern auf, die den gesamten Hofstaat wie Maulwürfe unterwühlten. Sie arbeiteten alle so heimlich und selbstständig, dass kaum einer erwischt wurde; und wenn doch zufälligerweise einer gefangengenommen wurde, hatte er meistens noch die Gelegenheit, sich selbst zu töten, bevor er unter der Folter verhört werden konnte. Die Handlanger des Bischofs sollten zermürbt, und er selbst aus seiner Reserve gelockt werden und zu unbedachten Handlungen verführt werden, die ihn schwächer und angreifbarer machten und dem Volk sein wahres Gesicht zeigten.

Und die Taktik war geschickt gewählt. Der Bischof, der zunächst darüber hinwegsehen wollte, geriet außer sich, vor allem, da er sich der drohenden Gefahr bewusst wurde. Er konnte nämlich nichts mehr dagegen unternehmen, weil die Ränkeschmiede nicht greifbar waren.

Das Volk schloss sich angesichts der ersten Erfolge der Widerständler und seines immer offensichtlicheren tyrannischen Auftretens mehr und mehr zusammen, und die ersten begannen sich sogar offen zu wehren. Soldaten wurden ermordet, Steuereintreiber holten sich blutige Köpfe, bei Proklamationen wurde laut gemurrt. Strafexpeditionen wurden ausgeschickt, die keine Schuldigen fanden; diese waren längst vorgewarnt und versteckten sich an geheimen Orten. Wahlloses Verhaften und Bestrafen brachte das Volk nur noch mehr auf, und bei der ersten öffentlichen Hinrichtung flogen Steine und faules Gemüse. Sie hatte keine abschreckende Wirkung mehr.

In der Heimlichkeit der Nacht begannen sie Lieder von Freiheit und Gerechtigkeit zu singen, und manchmal war eine wunderbare Stimme darunter, die der Goldenen Stimme sehr ähnlich war - aber Sebastian war ja tot, das wusste jeder. Es musste jemand anderes sein, der die frühere Verehrung des jungen Sebastian Bauer ausnutzte und einen Märtyrer aus ihm und seiner Familie machte.

Misstrauisch geworden, ließ der Bischof sogar das Kloster durchsuchen und war persönlich dabei. Nirgends fanden sich Spuren.

Auf dem Rückweg geriet er in einen wahren Pfeilhagel, dem er nur mit knapper Not entkam; so sehr er auch suchte, keine Schützen waren sichtbar, die Schüsse schienen aus dem Nichts zu kommen.

Die Grenze seiner Beherrschung war erreicht. Die nächste Strafexpedition führte er selbst an - und das Volk erwartete ihn schon. Er sah sich einer stummen, mit Heugabeln, Bogen, Speeren und Spießen bewaffneten Menge gegenüber.

»Wer ist euer Anführer?«, herrschte er die vorderen Männer an. Es war an der Zeit, dem Aufrührertum ein Ende zu bereiten, und es war ihm nicht unrecht, dass das Volk von selbst gekommen war. Er hatte keinerlei Sorge oder Angst, dass sie ihn angreifen würden, denn er wusste, dass Respekt und Unterwerfung viel zu tief in ihnen verwurzelt waren. Je autoritärer er auftrat, desto weniger konnte ihm geschehen. Er war sich ganz sicher, an diesem Tag das Volk wieder voll in seine Hand zu bekommen.

Noch dazu, da er die Burggarde und einige Soldaten hinter sich wusste.

Und dennoch erlitt er eine Überraschung, und seine Augen weiteten sich leicht, als die Menge sich teilte und ein blonder Jüngling nach vorne kam.

»Sebastian Bauer«, sagte er sarkastisch. »Ich dachte, diese Ketzerfamilie wäre endlich ausgelöscht. Nun gut, ich hätte es mir denken sollen, dass nur einer von euch diesen Haufen tumber Narren führen kann. Oder warst du etwa nicht allein bei diesem Geschäft?«

»Nein«, antwortete ihm eine ruhige Stimme, und Abt Gregor kam an Sebastians Seite. »Ich war bei ihm. Und ich rate Euch gut, jeden Eurer nächsten Schritte genau zu überlegen, Herr Bischof. Ihr habt das ganze Land gegen Euch. Die Zeiten der Einschüchterung sind vorbei.«

»Was wollt Ihr?«, rief der Bischof außer sich vor Zorn.

»Ihr habt zwei Möglichkeiten«, erklärte Sebastian. »Entweder Ihr lasst uns alle auf der Stelle töten, oder Ihr gebt uns zu essen. Wir werden nicht eher gehen, bis wir eine Antwort haben.«

Der Bischof dachte einen Moment nach. Es herrschte atemlose Stille.

»Nun gut«, sprach er dann langsam. »Ich hatte ohnehin vor, für den Winter einen großen Vorratsspeicher für das Volk bauen zu lassen. Dank eurer fleißigen Arbeit wird dies nämlich der erste Winter sein, den wir alle ohne Angst, Not und Sorge verbringen können. Ich hätte euch das von Anfang an sagen können, aber ihr hättet die Notwendigkeit vermutlich nicht eingesehen und wärt wahrscheinlich auch über die Verteilung in Streit geraten. Denn jeder bekommt gleichviel, egal wie viel er eingebracht hat. Sicher, dieses Jahr war hart, aber es wäre auch das letzte Mal gewesen. Vielleicht war ich zu streng, manchmal sogar grausam, aber ich dachte dabei immer nur an euch.«

Er wendete sein Pferd und rief über die Schulter: »Ich verstehe euren Zorn, und ich sehe nichts Unrechtes in eurer Haltung. Nur deswegen habe ich euch jetzt die Wahrheit gesagt, und nur deswegen gebe ich jetzt auch nach. Ihr habt genug gelitten. Darum soll heute in einem Monat jede Familie ein Kind über fünfzehn und unter zwanzig zum Hofplatz vor der Burg schicken; wenn diese Bedingung nicht erfüllt werden kann, soll die Frau kommen. Ich will keinen waffenfähigen Mann vor meinen Toren sehen, verstanden? Sonst wird es Blut und Elend geben, denn ihr könnt der Gier ja doch nicht widerstehen und werdet alle Einigkeit untereinander vergessen, nur um einen Scheffel Korn mehr zu erhalten. Heute in einem Monat wird der Speicher fertig sein und randvoll gefüllt für euch alle, und jeder soll sein Teil fürs erste bekommen.« Er hieb die Fersen in die Flanken seines Pferdes und zog mit der Truppe ab.

Nach anfänglicher Sprachlosigkeit gerieten die braven Leute in einen wahren Freudentaumel; keiner hätte je geglaubt, so schnell und so unblutig Frieden zu bekommen. Jeder sah nur noch gefüllte Teller vor sich, stellte sich die köstlichsten Speisen vor, keine Not mehr, keine Angst. Endlich durften auch sie einen Teil vom Kuchen bekommen. Johlend und tanzend zerstreute sich die Menge, zurück blieben nur Sebastian und Vater Gregor.

»Können wir ihm trauen?«, fragte Sebastian.

»Wir haben keine Wahl«, erwiderte dieser. »Aber ich werde auf alle Fälle dabei sein, und wenn etwas nicht mit rechten Dingen zugeht, dann, bei Gott, schwöre ich, dass der Kaiser hiervon erfahren wird!«

Der Bischof schien jedoch Wort zu halten. Jeder konnte sehen, dass in aller Eile ein großer hölzerner Speicher errichtet wurde; der vordere Eingang war verschlossen, damit niemand vor der Zeit in Versuchung kam. Am hinteren Eingang wurden geschäftig Versorgungswagen ein- und ausgefahren. Die Leute konnten es kaum mehr erwarten, schon planten sie ein, zwei Festtage; sie konnten sich kaum ausmalen, wie das Leben von nun an sein würde. Der Bischof wiederholte, dass nur ein Kind der Familie oder die Frau den Speicher betreten dürfe, alle anderen - außer Alleinstehenden - mussten zu Hause bleiben. Es sei die einzige Möglichkeit, Unruhen zu vermeiden; das Letzte, was er wolle, wäre ein Bruderkampf aus Neid und Gier.

Schließlich kam der große Tag; um den Bischof nicht zu reizen, kamen alle seinen Wünschen nach, schickten Tochter und Sohn, auch die eine oder andere Frau und alleinstehende Männer waren dabei. Allen voran aber gingen Sebastian und Abt Gregor, zu allem entschlossen.

Staunend betrachteten die Leute den großen Speicher, der sich langsam vor ihnen öffnete, links und rechts vom Eingang standen prächtig aufgeputzte Wachen. Aus Angst vor Nagern und Ungeziefer war der Speicher ohne Fenster und an den meisten Ritzen mit Pech abgedichtet worden, so dass innen kaum etwas zu erkennen war, nur hie und da ein Sack Korn oder eine Kiste Feldfrüchte.

Der Bischof sprach ein paar einleitende, feierliche Worte, denen natürlich keiner zuhörte; unbewusst leckten sich die meisten schon die Lippen, die glänzenden Augen starr auf den Speicher gerichtet. Sie reagierten erst, als sie angewiesen wurden, den Sack bereitzuhalten, die Ausgabe würde ganz hinten erfolgen. Er ließ sich hochleben und hieß die Hungrigen dann einzutreten; das ließen sie sich nicht zweimal sagen, eilig schoben und drückten sie sich gegenseitig hinein.

Sebastian und der Abt waren immer noch in vorderster Linie, sie konnten dem Druck nicht standhalten. Verzweifelt versuchten sie das Dunkel zu durchdringen; als sie fast am hinteren Ende waren, stießen sie an Hindernisse. Vater Gregor und der junge Bauer atmeten gleichzeitig hörbar aus.

»Stroh!«, keuchte Sebastian. »Das ist eine Falle!«

»Los, raus hier!«, stieß der Abt gepresst hervor.

Mit vereinter Kraft drehten sie sich um, stemmten sich gegen die wogende Masse aus Menschenleibern und versuchten gegen das aufgeregte Stimmengeschwirr anzuschreien.

»Kehrt um! Kehrt auf der Stelle um! Wir müssen sofort raus hier, der Bischof hat uns in eine Falle gelockt!«

Natürlich schenkte ihnen zunächst niemand Gehör, und sie kämpften vergebens gegen den Strom an, bis mehr und mehr entdeckten, dass hinter den vorderen Säcken nur Stroh lag.

Panik brach aus, die schließlich auf alle übergriff, und sie wandten sich gleichzeitig wie ein einziges Wesen um, aber da war es schon zu spät. Die Tore waren geschlossen und gaben keinen Zentimeter nach, selbst als sich alle mit geballter Kraft dagegen warfen. An den Seiten wurden an zehn Stellen geheime Klappen geöffnet und brennende Fackeln hineingeworfen, die das Stroh sofort in Brand setzten. Die

Menschen begannen zu schreien und zu weinen, in kopfloser Angst suchten sie nach Auswegen, trampelten sich gegenseitig zu Tode, kratzten sich die Finger an den Wänden blutig, versuchten mit bloßen Händen Löcher in die Erde zu graben und die Feuer zu löschen und schlugen wie irrsinnig auf die Tore ein.

Qualm und Flammen drangen rasch nach draußen, die flehenden Schmerzensschreie der Eingeschlossenen schallten über das ganze Land. Draußen, vor den Toren der Stadt, standen die Familien, hörten die Todesschreie ihrer Kinder und starrten voller Grauen auf die feurigen Rauchwolken, die bis zum Himmel stiegen. Sie waren unfähig, etwas zu unternehmen, denn die todbringenden Waffen der Soldaten waren auf sie gerichtet, und sie waren wehrlos. Die Augen tränenblind, bebend vor Schmerz und Entsetzen, standen sie da, zu Statuen versteinert, stumm der Agonie preisgegeben, dem Wahnsinn nahe.

Und der Bischof betrachtete vom Turm aus das Höllenfeuer, lauschte den Schreien, dem Toben und Hämmern, dem Krachen und Bersten der Hölzer, dem Fauchen der Flammen; sah gelassen zu, wie brennende Arme aus den Wänden brachen und die Hände sich zu Klauen verkrümmten; sog sogar genussvoll den infernalischen Gestank von verkohlendem Fleisch ein. Ruhig und ausgeglichen stand er an der Brüstung, warf hin und wieder einen Blick auf die Familien vor der Stadt, die, nachdem die Soldaten vorrückten, langsam umdrehten und nach Hause gingen. Das Werk war getan: die Menschen waren gebrochen, endgültig und auf immer.

»Sie waren wie Ratten, verschlagen, gierig und ewig hungrig, und wie Ratten sollen sie auch enden«, sprach er langsam für sich. »Sie wollten sich gegen das herrschende Gesetz stellen. Das soll ihnen eine Warnung sein auf immer. Nun haben sie keinen Sebastian Bauer oder Abt Gregor mehr, die ihnen ketzerische Dinge ins Ohr flüstern. Sie haben ihre eigenen Kinder geopfert, und das werden sie nie vergessen.«

Als er merkte, dass der schwarze beißende Rauch sich auf die Erde herabsenkte, ging er ins Innere. Es war Essenszeit, und er wollte nicht in stinkenden, rußigen Kleidern erscheinen.

Ein Jahr war seit dem schrecklichen Geschehen vergangen. Es hatte in der ganzen Zeit keine einzige Unruhe gegeben; die Leute hatten resigniert und sich selbst aufgegeben. Viele waren der Ansicht, dass sie für ihre Sünden bestraft wurden; die meisten jedoch dachten gar nichts mehr. Ihre Herzen waren durch den Tod ihrer Kinder und Frauen gebrochen, und sie arbeiteten nur noch stumpf und leer, tagein, tagaus, ohne Hoffnung auf ein Morgen. Nur manchmal, wenn der Wind Sebastians Goldene Stimme aus der Vergangenheit mit dem Lied der Freiheit herbeitrug, trat kurzzeitig ein seltsamer Glanz in die Augen des einen oder anderen, der wieder erlosch, sobald der Wind schwieg.

Der Bischof hatte das Jahr gut verbracht.

Er wusste gar nicht, wie es draußen zuging; dass es seit einem Jahr nicht mehr geregnet hatte, und dass ewig ein merkwürdiger, nach Verwesung stinkender Brandgeruch über dem Land lag. Das Obst wurde schwarz und faulig, ehe es geerntet werden konnte, der Kohl war klein und verlaust; nur das Korn wuchs und füllte die Speicher des Bischofs.

Trotz der Trockenheit gab es eine wahre Insektenplage, da im vergangenen Winter kaum Schnee gefallen war. Käfer und Fliegen besiedelten die Häuser, Mücken und Heuschrecken zogen über die Felder.

Nein, das konnte der Bischof nicht wissen, denn seine Dienerschaft sorgte dafür, dass es ihm an nichts mangelte; er war völlig vergraben in dem unermesslichen Schatz der fürstlichen Bibliothek. Sein Bruder war längst gestorben und das Land gehörte ihm. Er brauchte nicht mehr nach draußen zu gehen, er wusste, dass er das Volk in Händen hatte. Er genoss den Wohlstand und verschwendete keinen Gedanken an seine Gräueltaten.

Nachts hörte er zwar manchmal merkwürdige Geräusche, sein Bildnis in der großen Halle war von Ratten zerfetzt worden, aber darauf gab er nicht viel. Es gab immer mal eine Reihe von Unglücksfällen, und er war alles andere als abergläubisch.

Zufrieden setzte er sich an den reich gedeckten Tisch und fegte die vorsichtigen Hinweise seines Dieners unwirsch beiseite.

»Wenn das Gemüse verfault, verfüttere Er es den Schweinen und hole von den Bauern frisches für mich!«, erklärte er streng.

»Herr, die Bauern haben kein Gemüse mehr. Es wächst nichts mehr.«

»Ha, will Er etwa die Faulheit der Bauern noch in Schutz nehmen? Ich glaube, ich muss einmal wieder durchgreifen, ich bin wohl doch zu gut zu ihnen. Ich ...« Er stutzte und neigte leicht den Kopf. »Wer singt da?«, fragte er.

Der Diener sah ihn erstaunt an. »Wovon sprecht Ihr, Herr?«, erwiderte er.

»Zum Donnerwetter, ist Er denn taub?«, herrschte der Bischof ihn an. »Da, diese Stimme ist doch ganz deutlich zu hören! Ich habe solch einen Gesang seit Sebastian Bauers Tod nicht mehr vernommen. Geh Er und forsche nach, wer da singt, und bring Er den Sänger zu mir!«

Der Diener betrachtete seinen Herrn argwöhnisch, verneigte sich jedoch ohne Widerspruch und ging, um nach etwas zu suchen, das für ihn nicht existierte.

Er fand natürlich nichts, und der Bischof dachte auch nicht mehr daran, bis er den seltsamen Gesang wieder vernahm, und er fragte erneut nach dem Sänger. Als der Diener keine erschöpfende Auskunft geben konnte, geriet der Bischof so außer sich, dass er ihn zu Tode peitschen ließ. Von da an war die Stimme verstummt.

Neuer Ärger erwartete den Bischof jedoch vom Volk: eine ansteckende Seuche war ausgebrochen, die Tiere und Menschen gleichermaßen dahinraffte. Viele hatten schon ihre armseligen Sachen gepackt und versuchten das Land zu verlassen.

Es kam zu einem kurzen, heftigen Scharmützel mit den fürstlichen Soldaten, bei dem die meisten der geschwächten und ausgehungerten Bauern umkamen. Einige Höfe konnten nicht mehr bewirtschaftet werden; auch die Stadt war ziemlich verlassen; hier forderte die Seuche die meisten Opfer.

Ein leiser Zweifel begann sich im Bischof zu regen, als er feststellen musste, dass nahezu die gesamte Ernste verdorben war; das Wasser hatte einen süßlichen, metallisch-rostigen Geschmack, und die Insektenplage begann bis in seinen Turm vorzudringen.

Da, endlich, erinnerte er sich an Johannes Bauer, der immer noch unten im Keller lag, gerade so am Leben erhalten und auch nicht bereit zu sterben.

»Das ist es«, sagte er sich. »So lange auch nur einer dieser Teufelsfamilie lebt, wird das Unglück sich ausbreiten.« Bewaffnet mit einem Dolch, einem Kruzifix, Weihwasser und einer Hostie begab er sich in den Turm der Verdammten und stieg die Stufen hinab, um Johannes Bauer zu töten.

Der Wärter, der Johannes immer Wasser und Brot durch eine kleine Klappe schob, meinte, der Teller wäre bis auf den heutigen Tag stets geleert worden. Der Bischof befahl ihm aufzusperren, und betrat mit einer Fackel die feuchtkalte, modrig riechende Kammer. Er leuchtete den Strohhaufen in der Ecke an, aber er konnte keinen Körper entdecken. Der Wärter hinter ihm riss die Augen auf.

»Das – das ist nicht möglich«, stotterte er. »Er kann nicht geflohen sein! Und außerdem – wer leert dann den Teller?«

Ein schrilles Pfeifen ließ beide zusammenfahren, und der Bischof leuchtete rasch in die hinterste Ecke. Dort kauerten zwei riesige graue Ratten, die ihn mit glutroten Augen anfunkelten, ihre mächtigen gelben Schneidezähne blitzten scharf auf im Fackelschein.

»Ratten!«, stieß der Bischof ärgerlich hervor. »Da hast du deine Erklärung! Sie haben ihn mitsamt Knochen gefressen und halten sich jetzt an meinem Essen schadlos!« Er schob den Wärter aus der Kammer und warf die Tür ins Schloss.

»Dieser Ketzer hat kein anderes Ende verdient gehabt!«, fuhr er fort. »Los, hol die anderen und macht die Ratten ausfindig. Die entwickeln sich allmählich zu einer wahren Plage. Ich will, dass ihr sie findet, tötet und anschließend verbrennt! Wahrscheinlich sind sie schuld an der Seuche und am Zustand der Äcker. Sichert die Speicher noch besser ab, verstanden?«

Langsam kehrte er zu seinen Gemächern zurück. »Das einzige, was ich nicht verstehe«, murmelte er, »wieso gehen sie nicht zuerst ans Korn?« Er zuckte zusammen, als er wieder den unheimlichen leisen Gesang hörte, der von nirgendwoher zu kommen schien.

»Diese Stimme … das ist einfach nicht möglich. Mein Verstand und der Wind spielen mir einen Streich.« Er rieb erschöpft seine Augen. »Ich bin übermüdet, das ist alles.« Er suchte sein Schlafgemach auf und legte sich ins Bett. In der Dunkelheit glaubte er ein Schaben und Wispern zarter Stimmen zu hören, bevor er einschlief.

Am nächsten Morgen wurde er unsanft von einem jungen Diener geweckt, der aufgelöst in die Kammer stürzte: »Herr, seht doch … seht doch nur! Das Land … über das ganze Land …«

Der Bischof verstand kein Wort vom Gestammel des Jungen, daher ging er selbst zum Fenster und sah hinaus. Was er sah, ließ ihn erstarren. Eine ungeheure Flut kleiner und großer schwarzer, grauer und brauner Körper ergoss sich über das Land und bedeckte bald die ganze Erde; wimmelnd und rasend schnell stürmte ein riesiges Heer auf die Feste zu.

»Was ist das?«, fragte er fassungslos.

»Ratten!«, stieß der Junge hervor. »Und ständig werden es mehr! Was sollen wir tun?«

Der Bischof handelte schnell. Er mobilisierte alle Truppen, schickte die einen gegen die Tiere, die anderen, um einen Feuergraben zu errichten. Nun ergriffen auch noch die letzten Verbliebenen die Flucht. Der Bischof konnte niemanden zurückhalten, er brauchte jeden Mann zur Verteidigung.

Aber es waren zu viele Ratten. Das schauderhafte Quieken der rasenden Tiere schrillte in den Ohren, Krallen und Zähne waren messerscharf. Sie schoben sich ohne Rücksicht auf Verluste vor. Für jede erschlagene Ratte sprangen mindestens zwei ein; je näher sie der Burg kamen, desto mehr wurden es. Ihre Rufe klangen manchmal wie menschliche Stimmen, die sich verständigten.

Die Soldaten begannen schließlich zu fliehen, die Ausharrenden wurden von den Ratten überschwemmt. Der Fluss kam ins Stocken, als die Tiere sich daran machten, die Leichen aufzufressen. Ihre ausgemergelten dünnen Leiber füllten sich, und das gelbe Glühen ihrer Augen wurde stärker.

Der Bischof nutzte die Zeit und ließ einen mächtigen Feuerkreis um die Burg ziehen, vor dem das Nagerheer schließlich unschlüssig verharrte. Der alte Mann wollte schon ersten Triumph empfinden, als auf der Brustwehr über ihm ein schrilles Pfeifen erklang. Starr vor Entsetzen blickte er hoch und erkannte die beiden rotäugigen grauen Ratten aus dem Kerker, die über das Feuer hinweg ihr Heer befehligten.

Und die Ratten gehorchten. Das Heer zog sich zusammen, und die ersten stürzten sich in die Flammen. Bald stapelten sich die kleinen Leichen, über die die anderen mit unglaublichen Sprüngen hinwegsetzten. Mehr als zwei Drittel schafften das Wagnis; wie eine Sturmflut fielen sie über die Burg her und drangen als erstes in die Kornspeicher ein, immer mehr und mehr, und bald waren nur noch knabbernde und raschelnde Geräusche zu hören.

Unterdessen floh der Bischof; er war der letzte noch lebende Mensch. Mit der Kraft der Verzweiflung ruderte er in einem zerbrechlichen Boot bis zu der kleinen Insel im Strom zu seinem Wehrturm. Er verschanzte sich ganz oben in seiner Schlafkammer und betrachtete durchs Fenster den Fall der Burg. Es wurde Abend, es wurde Nacht, und das Feuer breitete sich über Stadt und Land aus, der Himmel wurde von den roten Lohen beinahe taghell erleuchtet; die gewaltige Hitze war noch auf der Insel zu spüren.

Ich habe alles verloren, dachte der Bischof, *aber dafür sind die Ratten besiegt. Dieser Hölle kann keiner mehr entkommen.* Mit zitternder Hand wischte er sich den Schweiß von der Stirn, er fühlte sich sehr alt und sehr müde. Erschöpft sank er aufs Bett und fiel in einen unruhigen Schlummer, aus dem er bald wieder hochschreckte. Er *hörte …*

Das Trappeln unzähliger winziger Füße kam die Treppe herauf, an seiner Tür war ein Kratzen, Schaben und Nagen zu hören. Todesangst ergriff den Bischof, unfähig zu denken oder etwas zu unternehmen, kroch er in die hinterste Ecke seines Bettes und zog die Decke hoch zu sich. *Nein …*, dachte er, als der unverwechselbare Gesang der Goldenen Stimme erklang.

Dann herrschte für einen winzigen Moment Stille, gefolgt von einem dumpfen Schlag. Die Tür knirschte und ächzte und gab schließlich berstend nach. In der Öffnung dahinter kauerte wild und zähnebleckend die Rattenschar, angeführt von fünf rotäugigen Ratten: zwei kleinere Weibchen mit rötlichem Pelz, die schon bekannten großen grauen Männchen, von denen eines auf so eigentümliche Weise und erschrekkend menschlich sang, und die größte Ratte von allen, ein schwarzes Untier mit dickem schwarzem Fell.

Der Bischof öffnete den Mund, aber er brachte keinen Ton heraus. In seinem Kopf drängten sich plötzlich wispernde, drohende Stimmen, die alle durcheinander redeten, bevor sie sich zu einem einzigen Gedanken zusammenschlossen: *Rache.*

Sie waren keine Geister, sie waren echt, sie besaßen einen greifbaren Körper. Eine Ratte mit einem kahlen Fleck am Hinterkopf stürzte plötzlich aus der lauernden Menge hervor und sprang dem Bischof ins Gesicht, der sie voller Angst und Ekel wegschleuderte. Die schwarze Ratte stieß einen hohen Pfiff aus, das Signal zum Angriff. Der Bischof gab einen grauenvollen Schrei von sich, als die Lawine sich in seine Kammer ergoss, und er wehrte sich aus Leibeskräften, aber vergeblich. Überall bissen sie sich fest, fetzten ihm die Kleider vom Leib, rissen ihm die Haut ab, ihre blutrünstigen Schreie zerrissen ihm das Gehör. Als er endlich niederging, stieß er einen Leuchter um. Das Bettzeug fing sofort Feuer, im Nu war die ganze Kammer in Brand gesetzt, und die Ratten versuchten voller Panik zu fliehen. Die Schreie des Bischofs erstarben bald; das Feuer breitete sich rasch auf die

Stützbalken aus, und der Wehrturm begann zu wanken und einzustürzen.

Die meisten Ratten kamen im letzten Feuer um.

Die Überlebenden aber, darunter die rotäugigen Anführer, erreichten schwimmend das jenseitige Ufer und machten sich auf den Weg in ein anderes Land, ein anderes Leben.

Faschingszeit

»Und du gehst wirklich woanders hin?«

»Ja, Liebling.«

»Und du bist nicht eifersüchtig?«

»Versprochen.«

»Ich darf tun, was ich will?«

»Es ist Narrenzeit, Liebes. In unserer Familie ist es seit Jahrhunderten üblich, dass in dieser Zeit Narrenfreiheit herrscht. Vor allem am letzten Wochenende bis zum Kehraus.«

»Ach, ich bin ganz aufgeregt.« Wirklich, das war ich. Ich konnte mich kaum schminken, geschweige denn mich richtig anziehen. Charles kam herein, erblickte das Chaos und lachte schallend.

»Komm, ich mache das.« Er hob den Umhang auf und legte ihn mir um die Schultern. Er kam mir dabei so nahe, dass ich den herben, männlichen Duft seines Rasierwassers einatmen konnte. Teufel, sah er gut aus. Er entstammte einem uralten Adelsgeschlecht, war reich, vornehm, gebildet und mindestens so alt wie Methusalem, aber immer noch ein verdammt schöner Mann.

Wir hatten uns auf einem Empfang kennengelernt, ich war die kleine Kellnerin, er der große Mann von Welt. Ich war durch meine Arbeit schon allerhand gewöhnt (ich arbeitete vorwiegend nachts, weil man erstens mehr verdiente, und weil ich zweitens wie eine Eule erst abends richtig wach werde), aber so schnell wie er war noch niemand zur Sache gekommen.

»Wollen Sie mich heiraten?« fragte er mich schon beim zweiten Champagnerglas, das er gerade von meinem Tablett nahm.

»Wie bitte?« Ich sah ihn zornfunkelnd an, denn ich dachte, dass er sich wie alle anderen »Männer von Welt« nur über mich »kleines Gänschen« lustig machen wollte. Die reichen Leute machen sich gern ein - wie sie glauben - »gutmütiges Späßchen« mit der arbeitenden, weniger betuchten Bevölkerungsschicht. Und sie finden sich auch richtig nett, wenn sie hin und wieder mit den »anderen« Menschen reden. Sie sehen eine besondere Art von Menschenfreundlichkeit darin, die Leute, von denen sie bedient werden, für ein paar Minuten mit in ihr Leben einzubeziehen - durch Komplimente, Scherze und so weiter -, damit wir armen Tröpfe uns nicht ausgeschlossen fühlen müssen.

In München können die das besonders gut.

Ich habe stets jedem sogenannten wohlmeinenden Menschen meine Meinung dazu ins Gesicht gesagt, und auch jetzt machte ich dabei keine Ausnahme. Natürlich kannte ich diesen Mann aus den Zeitungen, er war als intellektueller, spöttischer Lebemann bekannt, ein schillernder Nachtvogel, auf den die Frauen nur so flogen.

Mich konnte er allerdings nicht beeindrucken, denn ich hatte weder Ehrfurcht vor Macht und Geld, noch Verlangen danach.

Mein Hunger war ein ganz anderer, und der hatte bisher nie gestillt werden können. Egal wie viel ich aß oder trank, egal was ich an Abenteuern und Mutproben unternahm, um Adrenalin zu schöpfen, ich war nie satt, weder als Kind noch jetzt. So ein Dauerhungergrummeln kann einen ganz schön unzufrieden machen, das dürft ihr mir glauben.

»Ich weiß nicht, für wen Sie mich halten, aber ich bin keine der käuflichen Schnepfen, klar?«, fauchte ich.

Ich wartete darauf, dass er sich sofort über mich beschweren würde. Ich war bereits daran gewöhnt, meine Arbeit bei Empfängen vorzeitig beenden zu müssen, denn ich sah nicht ein, mich nur wegen ein paar gönnerhaften Trinkgeldern von diesen eingebildeten Fatzken anpöbeln oder gar antatschen zu lassen.

Sie glaubten, mit Geld alles erreichen und kaufen zu können, und genügend Mädels aus meiner Arbeiterschicht machten gerne mit, weil sie hofften, dadurch aus ihrem Elend rauszukommen. Aber das Märchen vom reichen Prinzen, der sich in die arme Müllerstochter verliebt, ist nun einmal nicht mehr als das - ein Märchen.

Mir war es am liebsten, übersehen zu werden, wie es gegenüber dem Servicepersonal üblich war, und bekam manchmal auch ehrliches Trinkgeld für meine Freundlichkeit, das ich dann gern annahm. Nur, wenn das verbunden war mit billiger, herablassender Anmache - am besten mir den Schein in den Ausschnitt zu stecken -, dann wurde ich halt ausfallend.

Dass mein Leben ziemlich unstet war, versteht sich von selbst, aber wenn man hübsch und jung ist wie ich und nicht allzu doof, findet man immer was. Gerade Servicepersonal wird immer schon permanent gesucht, und keiner fragte heutzutage mehr nach irgendwelchen Referenzen. Vor allem, wenn man wie ich nur stundenweise und nie fest angestellt arbeitete. Das lag mir ja nun überhaupt nicht, von irgendeinem Fuzzy abhängig zu sein und mit noch mehr Übergriffigkeiten zu tun zu haben.

Natürlich ist ausnahmslos jeder auf irgendeine Weise käuflich. So naiv bin ich nicht, und ich habe auch keinen besonders ausgeprägten Stolz. Aber meine Ansprüche liegen sehr hoch, angefangen damit, endlich herauszufinden, woraus mein ewiger Hunger besteht und wie ich ihn stillen kann!

Der Mann jetzt beschwerte sich aber gar nicht, sondern hob sein Glas, prostete mir zu und trank. »Eben darum«, erwiderte er sanft. »Sie sind eine wunderschöne junge Frau, die weiß, was sie will. Ich habe Sie beobachtet. Sie faszinieren mich, und ich möchte Sie heiraten.«

»Pah«, machte ich schnippisch. »Was wohl Ihre Frau und Ihre Enkelkinder dazu sagen? Ich bin bestimmt fünfzig Jahre jünger als Sie.«

»Das reicht bei weitem nicht«, meinte er lächelnd. »Ich habe in meinem langen Leben viele Frauen kennengelernt, und ich habe auch die eine oder andere geliebt. Aber keine von ihnen habe ich je geheiratet. Sie sind die erste Frau, der ich einen Heiratsantrag mache. Wenn Sie jemals die Regenbogenpresse gelesen haben, wissen Sie das.«

»Vermutlich sind die alle rechtzeitig vorher weggelaufen«, entgegnete ich giftig.

»Nein, sie konnten meinen Hunger nie stillen. Das ist bei Ihnen ganz ähnlich, nicht wahr?«

Ich starrte ihn an. »Wenn Sie jetzt noch sagen, dass wir füreinander bestimmt sind, weil wir von derselben Art sind, schmeiße ich Ihnen das Tablett an den Kopf.«

Er lachte. »Genau das, meine Liebe, da erkennen Sie es schon selbst! Ich werde von der Presse der König der Nacht genannt, und Sie sind meine Königin der Nacht. Ich werde es Ihnen beweisen.«

Und dann entführte er mich, mitten aus dem Empfang heraus, und ich ließ es zu. Weiß nicht, warum. Vielleicht, weil ich etwas in ihm spürte, das uns tatsächlich verband?

Also doch wie jede andere, sagt ihr? Irgendwann passiert's? Ja, wahrscheinlich. Aber nicht wie jede andere.

Charles zeigte mir die Stadt, wie man sie selbst in den Seifenopern im Fernsehen nicht zu sehen bekommt.

Er stank vor Geld, und er war überwältigend charmant, unterhaltsam, ungewöhnlich, einfach hinreißend.

Es war die verrückteste Nacht meines Lebens, und als der Morgen kam, war ich unsterblich verliebt.

Ich weiß, was ihr denkt. Aber wartet noch mit eurem Urteil.

Einen Monat später heirateten wir heimlich. Ganz richtig! Kein pompöser Theateraufzug mit tausend geladenen Gästen und TV-Übertragung. Sondern ganz still und leise, nur wir zwei.

Und dann zeigte er mir die ganze Welt.

Kein Reporter machte uns ausfindig, und die Regenbogenpresse wurde unruhig, deshalb bekamen sie ein paar Häppchen aus unbekannter Quelle, die überhaupt nichts mit uns zu tun hatten, die aber jeder glaubte. Ich nehme an, Charles hatte ein spezielles Pressebüro dafür, damit die sensationsgierige Leserschaft immer ausreichend versorgt war.

Charles war ein seltsamer Mann, von vielen Geheimnissen umgeben, der nicht gesehen wurde, wenn er es nicht wollte.

Ja, ich hatte manchmal ein wenig Angst vor ihm, denn er war autoritär, geradezu herrisch, und er hatte ein paar seltsame Angewohnheiten.

Aber das war marginal, denn wir liebten uns, nicht in einem Scheingebilde, das aus Geld und Hörigkeit bestand, sondern wirklich. Klingt unwahrscheinlich? Abwarten.

Ich führte ein Leben wie im Märchen, wurde von allen Seiten bedient und verwöhnt und entbehrte nichts, überhaupt nichts. Selbst als Liebhaber ließ er keine Wünsche offen, und ich darf mich wohl als die glücklichste Frau der Welt bezeichnen.

Ach so, mein unstillbarer Hunger? Ja, darauf komme ich jetzt.

Im Februar kamen wir wieder nach Hause, und ich freute mich sehr darüber, denn ich wollte unbedingt noch den Fasching in meiner Heimatstadt miterleben. Karneval in Rio, klar, in Venedig, unerlässlich ... das war alles großartig und befriedigte meinen Hunger zum Teil.

Wir hatten überlegt, durch Köln zu ziehen, denn dort ist ja am meisten los und wir hätten noch hemmungsloser sein können.

Aber dieses vergleichsweise winzige Ereignis in München gehörte halt zur Abrundung noch dazu. Nennt es Nostalgie. Ich war hier geboren, und die Stadt schuldete mir was.

Auch Charles liebte den Fasching in München, wie er mir gestand, und er hatte eine Regel, vor allem das letzte Wochenende durchzufeiern – aber getrennt!

Das überraschte mich, denn die anderen Feste hatten wir gemeinsam durchlebt, und das war stets ein rauschender Sinnesgenuss gewesen.

»Hier ist das anders. Ich schreibe dir nichts vor, und du mir auch nicht«, sagte er. »An diesen letzten sechs Tagen kenne ich keine Hemmungen, da tanke ich meine Energien für ein ganzes Jahr auf, und das solltest du auch tun, meine Liebe. Nutze deine Jugend!«

Aber nein, wir entschieden uns für München, denn da in der Schickimicki-Gesellschaft gibt es andere, besondere Festivitäten, die man auch mal mitgemacht haben sollte, wie

Charles meinte, und es könnte ein wenig Rache dabei sein für mich, setzte er augenzwinkernd hinzu.

Oh ja.

Der Pöbel, dem ich entstammte und in Wirklichkeit immer noch angehörte, was ich auch nie verleugnen werde, blieb mir immer noch für den Karneval nächstes Jahr. Da würde es dann einfach nur Spaß sein. Aber jetzt, jetzt sollte mein Hunger endlich gestillt werden, und Charles gab mir die große Chance dazu.

Dies war eine besondere, einmalige Gelegenheit, Rache zu nehmen für all die Demütigungen, die meinesgleichen jeden Tag aufs Neue zu erdulden hatte, vor allem in dieser Stadt, deren feine Bussi-Gesellschaft sich für besser als alle anderen hielt.

»Na, freust du dich?« fragte er lächelnd, als er meinen Umhang befestigte.

»Und wie!« Ich fiel ihm um den Hals, und er umarmte mich fest. »Ich liebe dich!«

»Ich liebe dich auch, mein Herz.«

Wir drehten uns um und betrachteten uns kritisch im mannshohen Spiegel. Umwerfend! Ein Mann in Charles' Alter und in seiner Position konnte natürlich nicht als Clown, Seefahrer oder sonstwas gehen. Er musste elegant sein, wie immer, und verkleidete sich daher als Vampir, ganz stilecht mit Zylinder und Umhang mit hochgestelltem Kragen. So elegant wie Bela Lugosi, nur viel schöner.

Für mich als seine Frau kam auch nichts anderes in Frage, auch wenn wir getrennt gingen, und außerdem hatte ich mir ein Leben lang gewünscht, einmal als männermordender Vamp auf den Fasching zu gehen, und nicht immer diese billigen dünnen Fetzen mit dem Schild »Freiwild« drauf tragen zu müssen.

Charles hatte mir diesen Wunsch erfüllt und mir ein schwarzes Abendkleid auf den Leib schneidern lassen, das durch seine Schlichtheit bestach, seitlich geschlitzt war, tief ausgeschnitten und hauteng. Ich hatte auch einen Umhang mit hochgestelltem Kragen; meine schwarzen Haare waren kunstvoll hochgesteckt und von einem - echten - Diamantdiadem zusammengehalten; dazu ellenbogenlange schwarze Handschuhe, an denen juwelenbesetzte Armbänder und Ringe funkelten.

Der König und die Königin der Nacht.

Für einen Moment bedauerte ich, dass wir nicht zusammen gehen konnten, aber Charles beharrte, ich sollte in diesen sechs Freinächten das Leben genießen, ohne Reue. Wir würden uns nicht einmal tagsüber sehen, denn er hatte für jeden von uns eine Suite in den beiden prominentesten, zentral gelegenen Hotels der Stadt gebucht. Jeder für sich, und nur für sich.

Der Fahrer hielt in der Innenstadt vor dem Lenbachpalais, und Charles drückte mir eine Reihe von Eintrittskarten in die Hand. »Das dürfte reichen bis Dienstag nacht«, sagte er. »Du steigst hier aus, ich fahre noch ein kurzes Stück weiter. Der Fahrer holt dich am Dienstag um ein Uhr früh hier wieder ab. Auf Wiedersehen, Liebling. Mach mir die Stadt schön unsicher.«

»Und wenn wir uns über den Weg laufen? Die Gefahr ist groß.«

»Werden wir nicht, ich achte darauf. Denke du nur an dich und genieße.«

Er küsste mich innig, dann stieg ich aus.

Und stürzte mich ins Getümmel. Während ich im Palais an der Bar die erste Flasche Champagner in mich hineinkippte, taxierte ich die jungen Männer. Durch meine Maske würde mich niemand erkennen, und inzwischen hatte ich auch gelernt, was ich tun musste, um nicht gesehen zu werden, wenn ich es nicht wollte. Charles hatte mir sehr viel beigebracht und mich gut auf diesen initialen Moment vorbereitet.

Es waren viele männliche und weibliche Vampire da, aber natürlich konnte niemand mit mir konkurrieren. Ich war jung, ich war schön, das Geld funkelte an mir, ich war unwiderstehlich und umgab mich mit der Aura des Geheimnisvollen.

Ich war die Königin der Nacht, wie Charles es mir prophezeit hatte.

Die giftigen Blicke und Aussprüche meiner Konkurrentinnen interessierten mich nicht im geringsten.

Manche von ihnen vernaschte ich sogar, gerade deswegen.

Aber die Jünglinge und angesehenen Geschäftsmänner und Millionäre hatten es mir mehr angetan. Schon beim Tanzen glitten ihre Hände immer wieder über meinen Schlitz im Kleid, und wenn sie dabei zufällig meine Haut berührten, fuhren sie jedes Mal wie vom elektrischen Schlag getroffen zusammen. Ich mahnte mich jedoch zur Ruhe und ließ mir bei jeder neuen Eroberung Zeit. Diese sechs Nächte würde ich auskosten.

Und alle sollten drankommen.

Ich weiß nicht, auf wie vielen Festen ich war und wie viele Room-Partys ich in meiner Suite gegeben hatte. Zusammengenommen habe ich in diesen sechs Nächten wahrscheinlich nicht mehr als 5 Stunden geschlafen. Ich genoss meine Jugend, mein Verlangen, und die Freiheit, endlich sein zu können, wie ich war, ohne Verstellung.

Pünktlich um ein Uhr morgens war ich wieder vor dem Palais, und der Fahrer brachte mich nach Hause. Ich fühlte mich zufrieden und schläfrig, und ich ging langsam, den Umhang hinter mir herschleifend, die High Heels in der Hand, ins Haus. Charles war schon da, seine Augen funkelten und glänzten, er nahm mir Umhang und Schuhe ab und brachte mich nach oben.

»Noch Hunger?«

»Nicht den geringsten.« Zum ersten Mal in meinem Leben.

»Dann war es schön, Liebling?«, fragte er leise und zärtlich, während er mich behutsam entkleidete.

»Es war herrlich«, seufzte ich und fuhr mit der Zunge über meine Lippen, meine Zähne. Im rechten Mundwinkel spürte ich noch einen Rest Blut, den ich genüsslich ableckte. Natürlich war niemand gestorben, das würde nur zu unnötigen Scherereien führen. Alle meine Beglückten würden sich lediglich an einen irren Trip erinnern – und bei dem, was die sich ohnehin so alles einschmissen, würde das keinerlei Verdacht erregen, dass nicht alles mit rechten Dingen zugegangen war.

Ich kuschelte mich an Charles, der mich fest in seine Arme nahm, und sog seinen Raubtiergeruch ein. Seine Lippen streiften spielerisch meinen Hals.

»Ah, ich bin auch voll«, gestand er, »es reicht locker für ein Jahr.« Er lachte leise, und ich sah seine spitzen weißen Zähne aufblitzen. »Morgen schlafen wir aus, und übermorgen verreisen wir wieder und genießen die Früchte unserer Arbeit.«

»Ja«, murmelte ich. »Es war einfach wundervoll. Der schönste Fasching meines Lebens. Viel besser als in Rio und Venedig.«

»Das ist gut. Ich sagte dir doch, ich zeige dir das Leben, wie es wirklich ist. Jemand musste dich erwecken, und ich bin froh, dass ich es sein durfte.«

»Weißt du, was mir am besten gefallen hat?«

»Was denn, Liebling?«

»Dass dies die einzige Zeit ist, zu der wir uns nicht verkleiden müssen, sondern uns so zeigen dürfen, wie wir wirklich aussehen, und keinem fällt es auf.«

MORPHYR

Bericht 1
Der Wald meiner Träume

Endlich stand ich vor dem Wald. Und er war es wirklich. Meine Träume waren real geworden!

Zum ersten Mal träumte ich von ihm, als mein Vater unter seltsamen Umständen verschwand. Seine Leiche hat man nie gefunden. Ich erlitt damals einen Schock, und die Lücke, die Paps mit seinem Tod in meine Seele riss, konnte sich bis heute nicht schließen.

Eine Zeit lang führte ich Tagebuch, wie oft der Wald in meinen Träumen auftauchte, weil sich meine Träume normalerweise nie wiederholten und vor allem diffuse, wirre Bilder waren, die nach dem Aufwachen rasch verblassten. Aber dieser Traum war eine Ausnahme, geradezu *greifbar*, und brannte sich in mein Gedächtnis ein. Und seltsamerweise blieb er nahezu ein Jahr lang gleich. Doch dann, jedes Mal am Todestag meines Vaters, träumte ich von einem neuen Weg, den ich beschritt, und es war, als würde ich immer tiefer hineingezogen, zu einem bestimmten Ziel.

Ich war nicht beunruhigt deswegen, denn der Traum war schön. Voller Grün, sonnenflirrender Tautropfen auf durchscheinenden Blättern, moosbewachsener Felsen, meterhoher Farne, umgestürzter Baumriesen, aus deren vermoderndem Holz neues Leben erwuchs, und Füchse, Meisen, Habichte, Dachse, ich konnte ihn riechenfühlenschmecken, so lebendig in meinem Schlaf, als wäre ich wirklich dort.

Als sich der Todestag meines Vaters zum vierzehnten Mal jährte und ich genau doppelt so alt war wie damals bei seinem »Mysteriöses Verschwinden nach einem Unfall ohne Leichenfund«, erhielt ich den Anruf. Sagte ich bereits, dass mein Vater an meinem Geburtstag starb?

Gegen zehn Uhr morgens klingelte das Handy, genau zu dem Zeitpunkt, als mein Vater damals nochmal kurz weg wollte, um ein besonderes Geschenk für mich zu besorgen. So sehe ich ihn heute noch vor mir, verschmitzt lachend, bevor er durch die Tür ging und nie mehr zurückkam.

Ich konnte meine Enttäuschung kaum verbergen, als sich eine weibliche Stimme meldete. Denn tief in mir klammerte sich das damals verlassene Kind trotzig daran, dass mein Vater irgendwo noch lebte und eines Tages zurückkehrte.

Als die Redakteurin allerdings von »Fotoreportage« und »Wald« sprach, vergaß ich den trüben Gedanken und sagte sofort zu, denn einen so schönen Auftrag hatte ich schon lange nicht mehr gehabt.

Gleich darauf traf die Briefing-Mail mit einem Bild ein, und mein Herzschlag setzte für einen Moment aus, dann raste mein Puls, vor meinen Augen flimmerte es, und mein Körper wurde von einem unkontrollierten Zittern befallen.

Er war es. *Der* Wald.

Die Bahnfahrt zog sich hin. Normalerweise fuhr ich lieber Auto, aber ich wollte mich diesmal ganz langsam an mein Objekt der Begierde herantasten und Land und Leute beobachten. Und in Ruhe nachdenken.

Etwa fünfzehn Kilometer hinter der Grenze nahm ich Station in einem Gasthaus mit Fremdenzimmern, knapp zehn Kilometer vom Wald entfernt. Ein verschlafenes Nest von weniger als zweihundert Seelen, alles in allem wohl eine ziemlich inzüchtige Gemeinschaft.

Auf meine Frage an den Gastwirt, ob er deutsch verstehen könne, antwortete er: »Noch am besten.«

»Wie schön«, entgegnete ich.

Er zuckte die Achseln. Anscheinend hatte er nicht oft Übernachtungsgäste, und es war ihm wohl ziemlich gleichgültig, ob ich blieb oder ging. Vermutlich hätte er sich nicht einmal aufgeregt, wenn ich in diesem Moment auf seiner Türschwelle tot umgefallen wäre.

Dennoch bekam ich ein Zimmer mit Etagendusche und fließend Wasser (kalt oder sehr kalt). Das Zimmer war einfach, aber sauber, und von meinem Fenster im obersten Stockwerk konnte ich am Horizont einen ersten verschwommenen Blick auf ein paar Baumwipfel werfen.

Als ich erfrischt nach unten ging, war die kleine Gaststube rappelvoll, wie üblich hauptsächlich Männer, die sich über ihr Bierglas hängten, klatschend Karten auf den Tisch warfen, vor sich hinmurmelten, und mir nicht mehr als einen flüchtigen, desinteressierten Blick gewährten. Mit zierlichen kleinen Städterinnen mit lackierten Fingernägeln konnten sie höchstens im Pornokanal was anfangen.

Das Beste, was man in so einer Situation tun kann: Ignorieren, sich bescheiden im Hintergrund halten. Es war nicht das erste Mal, dass ich mich in einer so abgeschieden ländlichen Gegend befand. Irgendwann tauten die Leute schon auf, getrieben von ihrer Neugier.

Doch hier war es mehr als die übliche Fremdenscheu. Nach und nach wurden mir weitere Blicke zugeworfen, ich spürte unterschwellige Feindseligkeit. Und das war ungewöhnlich, denn es verirrten sich ja ab und zu Touristen her, und auch sonst bestand sicherlich Kontakt zur »Außenwelt«. Das fand ich schon ein wenig gruslig. Wie in einem Horrorfilm, wo der unbescholtene Fremde dann auf Nimmerwiedersehen verschwindet.

Seltsamerweise aber hatte ich das Gefühl, dass ihr Verhalten nur die Oberfläche darstellte und der Grund nicht an mir, sondern daran lag, dass sie etwas vor mir *verbargen*. Sie wussten, weshalb ich hier war, und trugen demnach Sorge, dass ich Dinge aufdecken könnte, die besser im Verborgenen bleiben sollten.

Das machte mich logischerweise neugierig, und nachdem wieder Ruhe eingekehrt war und ich an meinem Bier nuckelte, beobachtete ich heimlich die Augen dieser Männer. Was mich dann einigermaßen schockierte. Alle trugen denselben *leeren* Ausdruck. In sich gekehrt. Als ob sie *träumten*. Aber keinen Horror, denn die Mienen waren entspannt, ab und zu zuckte sogar ein Mundwinkel nach oben. Wenn sie träumten, dann von etwas sehr Schönem. Das sie hier festhielt, in diesem armseligen Dorf am Rand der zivilisierten Welt. Der Wald?

In dieser Nacht träumte ich sehr ausgiebig vom Wald und auch von meinem Vater, der mir dort etwas Wunderbares zeigen wollte, einen unentdeckten Schatz, und ich erwachte voller Unruhe und ungeduldig noch vor Morgengrauen, sprich: um vier Uhr früh. So zeitig konnte ich noch nichts unternehmen, also musste ich nervös und ungeduldig warten. Ich lenkte mich ab, indem ich bei der Dämmerung am Fenster stand und zum Wald hinüberschaute, ein paar erste Fotos zur Einstimmung verschoss.

Etwas zog, drängte, zerrte mich unwiderstehlich dorthin, als wäre es meine erste Reise aus der beengten Klausur eines Klosters hinaus in die wunderbare Welt, möglicherweise gar ins Paradies … Das gefiel mir nicht, denn ich hatte das Gefühl, nicht mehr alles unter Kontrolle zu haben. Nichts hasse ich mehr. Doch ich wurde immer zappeliger.

Kurz vor acht Uhr, nach einem überraschend guten, starken Filterkaffee, wandelte sich schlagartig meine Stimmung. Ich war so gut gelaunt, ausgelassen und erfüllt mit Freude wie zuletzt als junges Mädchen, als mein Vater versprach, mir ein ganz besonderes Geschenk zu machen.

Doch diesmal sollten aus dieser frohen Erwartung kein böses Erwachen und ein tiefer Schock werden, davon war ich überzeugt.

Ich befragte vor meinem Aufbruch den Gastwirt nach dem Wald, aber er wusste nicht viel darüber. Oder tat zumindest so: »Wir gehen nicht rein, denn er gehört dem Staat. Naturschutzgebiet, streng geschützt, was bedeutet: jedes unerlaubte Betreten wird mit harten Strafen belegt. Lohnt sich für uns auch nicht. Das Holz, das wir brauchen, kriegen wir draußen im Gemeindeforst in besserer Qualität. Zu feucht drin, und dann diese Wölfe und Bären … nein, gute Frau, wir sind Bauern und haben keine Zeit für derartige Dinge.«

Derartige Dinge, was meinte er denn damit? »Kommen oft Journalisten hierher?«

»Nicht oft. Hin und wieder einzelne Reporter so wie Sie, manchmal auch zwei oder drei mit Kameras. Nur alle paar

Jahre. Der Wald ist nicht besonders interessant. Ein Wald eben wie jeder andere. Um schöne Fotos zu machen, brauchen Sie nicht hierher zu kommen.«

»Mag sein, aber meinem Magazin scheint er doch interessant genug zu sein. Gibt's Kontrollen?«

»Nein. Wenn Sie die Genehmigung schriftlich haben – ja, genau diese –, wird sich niemand um Sie kümmern. Die wissen ganz genau, wer hinein darf und wer nicht.«

»Die?«

Er zuckte die Achseln und machte mir damit deutlich, dass ich keine Antwort erhalten würde. Anscheinend hatte man zu wissen, wer *die* waren.

»Na ja, spielt keine Rolle«, meinte ich freundlich. »Ich möchte nur Fotos machen, und dann bin ich wieder weg. Morgen oder übermorgen, je nachdem, wie das Wetter mitspielt.«

Der Gastwirt lieh mir überraschenderweise ein Fahrrad. Vielleicht wollte er so auch meine Abreise beschleunigen. Denn ich machte deutlich, dass ich keinesfalls zehn Kilometer hin und wieder zurück zu Fuß gehen würde, nur um den Wald zu erreichen, vor allem würde das zusätzliche Zeit beanspruchen und ich müsste länger bleiben. Leihautos gab es nicht, und die Bauern mit museumsreifem Traktor, unverwüstlichem kleinem Unimog oder gar Pferdefuhrwerk waren alle »zu beschäftigt«. Also blieb nur das Fahrrad, und ich war's zufrieden.

Was für ein Anblick, je näher ich kam! Ein von einem natürlichen Buschzaun umschlossener Urwald, der seit Jahrhunderten nahezu unberührt war, denn er wuchs abgelegen in einem Gebirgskessel und war wegen seiner geringen Größe und schlechten Erreichbarkeit wirtschaftlich uninteressant. Deswegen hatte man ihn in einen geschützten Wald umgewandelt. Direkt beim Wald gab es nur noch ein paar Holperwege für Pferdefuhrwerke und kleine Traktoren, da am Randgebiet begrenzt abgeholzt werden durfte.

Gierig saugte ich alle Eindrücke ein. Eine hellgrüne-dunkelgrüne-gelbrotgesprenkelte Wand, wie eine Grenze zu einer anderen Welt, diffus verschwimmend, mit Nebelschleiern über den durch Sonnenstrahlung dampfenden Baumkronen, wärmer als die Luft.

Wie im Traum, dachte ich. Doch zum ersten Mal war es keiner.

Hanna.

Er rief mich! Kein Zweifel! Egal, ob Wald oder Vater, ich konnte nicht mehr länger warten, die restlichen Fotos konnte ich später schießen.

Es zog und zerrte mich augenblicklich unwiderstehlich zum Wald, er erwartete mich, ich konnte gar nicht schnell genug sein. Es waren, ja, so etwas wie süße Versprechungen, schmeichelnde Worte, zarte Berührungen auf meiner Haut. Ein Gefühl von Sinnlichkeit breitete sich in mir aus.

Hingerissen gab ich mich den Gefühlen hin, hob den Kopf und schloss die Augen. Leider im falschen Moment. Ich vergaß, dass ich noch radelte, und fand keineswegs mit traumwandlerischer Sicherheit meinen Weg, wie ich es mir in meiner romantischen Stimmung vorgestellt hatte. Das Vorderrad stockte an einer Wurzel und das Hinterrad ging bockend hoch. Ich purzelte Hals über Kopf über den Lenker und plumpste unelegant auf den Boden. Weicher Morast, glücklicherweise, aber trotzdem noch ein Ausläufer der harten Wurzel unter meiner rechten Kehrseite. Das gab einen blauen Fleck, keine Frage.

Ich war verdreckt, mein Hintern schmerzte und kündigte beleidigt schon die Schwellung an. In der nächsten Zeit würde ich mich wohl etwas vorsichtiger hinsetzen müssen.

Der Drahtesel war wenigstens nicht hin, das wäre mir doch sehr peinlich gewesen. Ganz abgesehen von zehn Kilometern Fußmarsch.

Ob ich wohl, wenn ich mich in den nächsten Tagen geschickt anstellte, einige Wildtiere zu Gesicht bekäme? Neben

Wölfen und gelegentlichen Bären sollte es Hirsche geben, abgesehen von dem vertrauten Niederwild. Vielleicht entdeckte ich sogar Luchse? Das wäre sensationell.

So betrat ich den Wald.

Und war sofort gefangen. So viel Schönheit, kostbare Stille, taufeuchte, sonnenglänzende reine Luft. Wie im Traum, aber nun in echt.

Es zog mich immer tiefer hinein, gab kein Zurück mehr.

Ich wanderte mit offenen und großen Augen, unvoreingenommen und aufnahmebereit wie ein Kind und fotografierte, Licht und Schatten, Baum und Blatt, Boden und Fels-Bach-Moos. Der Tag war noch lang, und ich hatte mir vom Frühstück genügend Wegzehrung und eine Wasserflasche in meinem kleinen Rucksack mitgenommen. Ich musste nur darauf achten, vor der Dunkelheit wieder draußen zu sein. Im fremden Wald gibt es keine Orientierung in der Nacht, alle Bäume nur ruhende dunkle Schatten. Von GPS konnte keine Rede sein, auch keine Karte, weder digital noch in Papier. Man hatte mir die Genehmigung erteilt, aber keinerlei Informationen gegeben: *Finde dich gefälligst selbst zurecht, wenn du schon als Eindringling herkommst.* Der Gastwirt hatte recht gehabt, niemand hatte mich heute im Gasthaus empfangen und meine Legitimierung geprüft. Niemand war hier unterwegs. Ohne Handyempfang war ich völlig isoliert und sollte aufpassen, dass ich mir nicht den Knöchel verstauchte oder so. Und erst recht nicht sollte ich mich verirren.

Aber Hanna, du verfügst nicht nur über einen ausgezeichneten Orientierungssinn, du kennst die Wege doch, ich habe dich schließlich vierzehn Jahre lang hindurchgeführt und dir alles gezeigt.

Äh … okay. Das ignoriere ich jetzt besser mal. Liebe Paranoia, oder was du auch bist, du wartest hübsch hier, bis ich zurückkomme, verstanden?

Hirsche fand ich schließlich, Rothirsche, mehrere Hindinnen mit ihren Kälbern, und am Rand ein mächtiger Fünfzehnender, neugierig flehmend. Bald war Brunftzeit: wenn die Herbstnebel aufsteigen und der erste Hirsch seine Herausforderung hinausgrollt in die lauschende Nacht. Das sollte man sich allerdings aus sicherer und eher luftiger Distanz anschauen.

Ich ging weiter, die Kamera immer im Anschlag.

Auf einmal hatte ich das Gefühl, eine Grenze zu übertreten. Die Farben wurden intensiver, die Luft dichter, ich konnte förmlich spüren, wie sie mich berührte.

Und etwas lockte mich, leise wispernd-rauschend wie Blätter im Wind, unwiderstehlich …

<*Wir rufen dich, liebste Hanna, wir sehnen uns nach dir. Du hast unseren Ruf empfangen und bist nun endlich gekommen. Die Zeit ist nah, sich zu finden.*>

Erschrocken blieb ich stehen.

Was geht da vor sich? Bin ich noch bei mir?

Ich ignorierte die Stimmen in meinem Kopf und ging weiter, und auf einmal öffneten meine Augen sich weit und *sahen*. Den Wald, gereinigt von Bildern und Vorstellungen, wie er *wirklich* war, mit meinen Sinnen, die klarer und schärfer waren denn je. Etwas in mir erinnerte sich, ein genetisches Erbe, vielleicht an jene Vorfahren, die damals noch Jäger und Sammler gewesen waren.

<*Komm, Hanna. Du bist auserwählt. Du sollst unsere Botschaft hinaustragen und die Welt auf die Zusammenkunft vorbereiten.*>

Ich wusste nicht, ob ich lachen oder weinen sollte. Nicht mein Handeln empfand ich als bizarr, sondern alles um mich herum.

Was sollte, was konnte ich tun?

Am besten umdrehen und den Wald verlassen, so schnell wie möglich. Kurz durchzuckte mich ein Gedanke - *wussten* auch die hier lebenden Bauern davon? Rührte daher der leere Blick ihrer Augen? Wurden sie *geleitet* von etwas, das in diesem Wald lebte?

Aber was mochte das sein? Und wie lange schon?

Ich wollte gehen. War schon dabei, umzudrehen. Nicht, weil ich es unheimlich fand, ich spürte keine Bedrohung.

Aber ich tat nicht das, was ich sollte. Ich war Journalistin. Und wir sind nun einmal sehr neugierig, vor allem auf etwas, das auf den ersten Augenschein keine Erklärung anzubieten hat.

Was wollt ihr von mir? Welche Zusammenkunft?

Der Wald wurde älter, je tiefer ich vordrang. Mächtige Baumstämme mit so dichten Kronen, dass es kaum mehr Unterholz gab, hauptsächlich Moose und Farne. Die Sonne flirrte durch die sich in einer sanften Brise wiegenden Blätter. Ich konnte keinerlei Weg mehr erkennen, auch keine Tierpfade, schlängelte mich zwischen den dicken Stämmen hindurch.

Es war sehr still. Kein noch so leises Vogelpiepsen, kein Rascheln. Selbst das Geräusch meiner Schritte schien vom weichen Erdboden, geschaffen aus seit Jahrhunderten moderndem Laub und faulendem Holz, verschluckt zu werden.

<Du könntest unsere Botschafterin werden. Wir können euch helfen, wenn ihr das wollt.>

Warum solltet ihr das tun?

<Weil wir es können.>

Warum habt ihr es dann nicht schon längst getan?

<Weil du die Erste bist, die unserem Ruf gefolgt ist.>

Ja, klar. Anstatt als übermenschliches/mächtiges/wasauchimmer Dingsbums einfach gleich an die Öffentlichkeit zu gehen oder Kontakt zu irgendeiner Regierung aufzunehmen, wartet man äonenlang auf irgendwen Auserwählten, um dann seine Hilfe anzubieten.

Und Gedankensprache ist ja universell, noch dazu, wenn man übermächtig ist.

Anscheinend hatten mich der Auftrag und die Aussicht, den Wald meiner Träume besuchen zu dürfen, überfordert, und ich befand mich in einem Ausnahmezustand, wechselnd zwischen Wahnvorstellungen, Euphorie und halbwegs vernünftigem Verstand, der versuchte, die Balance zu halten.

Mich wunderte nur, dass ich nicht meinen Vater wahrnahm, der mir schließlich diesen Traum nach seinem Verschwinden geschickt hatte. Das passte einfach nicht zusammen.

Ich rauchte nicht, nahm keine Drogen - wenn also nichts in meinem Kaffee von heute Morgen gewesen war, musste das eine andere Ursache haben, die eher psychischer als physischer Natur war.

Ich entschloss mich, nach meiner Rückkehr nach fast zwei Jahren wieder einmal zu meiner Therapeutin zu gehen. Offenbar hatte ich noch nicht abgeschlossen.

Dabei waren wir beide der Ansicht gewesen, dass ich nun die Vergangenheit bewältigt hätte ...

Ich hatte den Eindruck, dass ich mich langsam dem Zentrum näherte. Ein Blick auf die Uhr verriet mir, dass mir noch ein paar Stunden bis zur Dunkelheit blieben - die jedoch knapp werden könnten für den Rückweg. Also sollte ich mich besser fokussieren.

<Bald ... bald ...>

Nein! Raus aus meinem Kopf! Ihr seid nicht real.

Was auch immer ich zu entdecken hoffte - Stimmen in meinem Kopf waren es bestimmt nicht.

Endlich schwiegen sie. Aber dafür schickten sie mir Bilder. Irrwitzige Bilder, wie sie nur auf einem LSD-Trip passieren können.

Es *musste* etwas in meinem Kaffee gewesen sein! Der Wirt *hatte* mich vergiftet!

Silberne Fische fliegen ziehen lautlos ihre Bahn durch den Äther; Glockenklang des Friedens zirpt und singt und klingt kristallen in der Luft wie hundert Harfen. Hohe Häuser auf mächtigen Säulen erheben sich schwindelnd über grüne blühende singende Welt. Tiere tummeln sich in Parks, Wölfe und Hirsche und Füchse Hasen Hunde Katzen Mäuse Falken friedlich nebeneinander weil nichts mehr leidet Schmerzen erdulden muss Frieden Ruhe Glückseligkeit. Menschen denken träumen schlafen dämmern spielen ...

Abrupt kam ich zu mir. Ich war gegen eine alte Eiche gelaufen, die am Rand einer Lichtung stand. Ich rieb mir die Stirn; der Aufprall war nicht sonderlich heftig gewesen, aber doch spürbar.

Und da waren sie.

Mitten auf der Lichtung, ätherische Lichtgestalten, die vor einer kristallin wirkenden Glocke schwebten, ein bisschen wie Schmetterlinge, aber noch mehr wie Mantas. Farben liefen in Wellen über sie hinweg, während sie anmutig mit den Flügeln/Flossen schlugen.

Sie erwarteten mich, winkten mich zu sich.

Seid ihr Außerirdische?

Statt einer Antwort winkten sie eindringlicher.

Meine Füße bewegten sich ganz von selbst auf sie zu, ich musste gar nichts dazu tun. Ich betrat die Lichtung – und hatte sofort das Gefühl, mich einem Bannkreis zu nähern.

Mein Kopf begann zu schmerzen. Meine Sinne konnten den Ansturm an Eindrücken nur noch mühsam verkraften. Schwach versuchte ich mich dagegen zu wehren. Ich rieb mir die Stirn, aber das verursachte nur einen weiteren, stechenden Schmerz.

Ich tröstete mich, indem ich an meinen Vater dachte, wie früher, wenn ich mal Bauchweh gehabt hatte und weinte.

Mein Küken, hatte er dann gesagt und mich in seinen Arm genommen und gestreichelt. Leise hatte er ein Lied gesummt, er konnte gut singen, und dann den Schmerz mit seinem Atem fortgepustet, kräftig und doch zart. Er war immer da gewesen.

Bis er mich ohne Abschied verlassen hatte, aber niemand hatte ihn je wiedergefunden und schließlich hatte man ihn für tot und zum Cold Case erklärt und ich war reif für die Therapie. Vor allem, seit er mir Träume schickte, jedes Mal am Tag seines Verschwindens – meines Geburtstags.

Die Erinnerung blies den Schmerz nicht fort, er blieb. Und wurde sogar noch schlimmer, als ich den nächsten Schritt ging – und endlich begriff, dass es eine Falle war.

Sie umringten mich, umtanzten mich, und dann veränderte sich ihre Gestalt. Die Flügel schwanden, sie wurden zu entfernt humanoiden, dünnen schwarzen Schemen, deren Ränder permanent ausfaserten.

Mir wurde übel. *Wer seid ihr wirklich?*

<Die Kinder des Morphyr, Morphiden sind wir. Deine Träume geben uns Gestalt, doch wir brauchen mehr, so viel mehr. Du sollst uns tragen, damit wir viele werden. Wir werden das Glück verbreiten.>

Glück?

Schwarzes Grauen umfasste mich, als ich in meiner Angst und instinktiven Abwehr, als sie mir zu nahe kamen, versuchten in mich einzudringen, um mich als ihr Behältnis zu verwenden, auf einmal die Perspektive wechselte und etwas sah, das sie entweder wahrnahmen oder unsere Zukunft darstellte.

Als hätten Poe und Lovecraft sich zusammengetan, sah ich eine Welt jenseits von grausam schwarz rot schreiend dröhnend; Bilder, die sich in mich einbrannten und mich nie wieder loslassen werden.

Schreiend wich ich zurück, schlug um mich, rannte los, zog schwarze neblige Fäden hinter mir her. Mit aller Kraft stemmte ich mich gegen *sie,* versuchte meinen Verstand zu verbarrikadieren, bildete eine Mauer gegen ihr Vordringen.

Meine heftige Gegenwehr schien sie zu überraschen, denn ihre Angriffe wurden rasch schwächer, je mehr Distanz ich gewann, vielleicht lag es an dieser Glocke, dass sie sich nicht zu weit von ihr entfernen konnten und ihren Einfluss auf mich verloren.

Sie riefen nach mir, doch ich versperrte mich, meine Schreie übertönten ihre Stimmen, während ich so schnell ich konnte den Weg zurückrannte, durch den ganzen Wald, instinktiv meine Fährte zurück, obwohl mir nicht einmal mehr die Richtung so richtig bewusst war.

Ich kam zu mir, als ich über einen feuchtklammen Felsen stolperte, ausrutschte, stürzte und mich überschlagend einen kleinen Hang hinunterfiel; der Schmerz war es, der mich zu Bewusstsein brachte. Als ich auf weichem Moos landete, nahm ich mir nicht die Zeit, mich zu beklagen, sondern kroch auf allen vieren weiter, verdreckt, blutend.

Mein Atem pfiff, mein Körper brannte wie Feuer, doch ich hielt nicht inne, um zu verschnaufen, ich musste so schnell wie möglich aus dem Wald raus, bevor sie mich wiederfanden.

Voller Angst lauschte ich in mich hinein, doch derzeit herrschte Stille. Dabei sollte es bleiben, ich hatte keine Zeit zu verlieren!

Mühsam stemmte ich mich hoch und stolperte weiter, weg, nur weg.

Waren *sie* schuld am Verschwinden meines Vaters? Hatten sie mit seiner Hilfe den Kontakt zu mir aufgenommen, und es hatte vierzehn Jahre gebraucht, bis ich soweit war, dem Ruf zu folgen?

Da hörte ich Tiere in der Nähe.

Große, schwere Tiere, die sich brachial durch das Gebüsch bewegten. Hirsche in voller Geweihpracht. Wahrscheinlich unterwegs zu einer Lichtung mit wartenden Hindinnen, um zu kämpfen.

Vorsichtig, in aller Heimlichkeit, schloss ich mich ihnen an, in der Hoffnung, dass ihre vielfältigen Geräusche und stark aufgeladenen Emotionen meine Gedanken übertönten.

Dann waren *sie* plötzlich da, gleißende Strahlen donnerten durch den Wald, durchschlugen Bäume und Felsen und fällten die stolzen Hirsche, schnitten sie in Teile, und Blut spritzte in Fontänen.

Es war so grauenvoll, aber ich durfte nicht innehalten, egal wie sehr mein Magen rebellierte und die Angst mich lähmen wollte.

Noch hatten sie mich nicht gefunden, hörte ich nicht ihre Stimmen, und ich tat den Teufel, mich umzudrehen.

Ich rannte weiter, immer weiter, allmählich wurden die Bäume jünger, der Bewuchs der Niederregionen dichter. Ich war auf dem richtigen Weg, auf meinen Orientierungssinn war eben immer noch Verlass, trotz Handy-, Maps- und GPS-Verwöhntheit.

Zugleich kam mir alles *bekannt* vor, aus meinen Träumen. Wie zuvor wusste ich instinktiv, wohin ich laufen musste. Mein toter Vater hatte ja eingeflüstert, dass ich vierzehn Jahre lang im Traum Zeit gehabt hätte, die Waldwege zu lernen. War das wirklich so? Allmählich konnte ich nicht mehr zwischen Schein und Wirklichkeit unterscheiden, ich war viel zu durcheinander.

Da hörte ich Stimmen, die näherkamen, und da waren Männer mit Gewehren und sie prasselten durch das Gebüsch und ich rannte auf sie zu, warnte sie, und dann –

– verlor ich das Bewusstsein.

Ich kam zu mir, als sie mich in der Gaststube auf der Ofenbank neben dem antiken Kachelofen niederlegten, behutsam meine Wangen tätschelten und mit einem Schnapsglas heißem Vodka daherkamen, den sie mir wortlos eintrichterten.

Der Gastwirt murmelte etwas von Sorgen, die sie sich ab achtzehn Uhr gemacht hätten, und jetzt solle ich mich erst einmal beruhigen, der Arzt käme gleich, hätte nur schnell zu einer Geburt fahren müssen.

»Wie sind Sie dem Bären entkommen?«, fragte er.

Ich starrte ihn an. »Da war kein Bär.« Sondern etwas ganz, ganz anderes.

Ich richtete mich auf und verlangte nach meinen Sachen. Ich wusste, dass ich nicht bleiben durfte.

»Ihr seid in Gefahr, wenn ich auch nur eine Sekunde länger bleibe«, machte ich klar.

Sie blickten mich verstört an, und ich sprang auf und lief zu meinem Zimmer, warf meine Sachen in meine Reisetasche und stürmte wieder nach unten.

Sie hatten meine Spur verloren, während ich ohnmächtig

war und meine Sinne vollkommen verstummt waren. Nun aber war ich wach; zwar unter Menschen, aber das waren zu wenige, um meine Gedanken zu übertönen. Und außerdem waren sie schon lange beeinflusst. Sie konnten dem Ruf nicht folgen, befanden sich aber fest im Griff dieser … Morphiden, oder was auch immer sie waren.

Ich konnte meine Sinne nicht ganz zum Schweigen bringen, solange ich bei Bewusstsein war, und erst recht nicht, wenn ich schlief.

Nur viele Menschen um mich herum mit ihren tausend Gedanken und Gefühlen würden meine Aussendungen empfindlich stören und es *ihnen* unmöglich machen, meine Spur wieder aufzunehmen. Deshalb konnte ich keine Minute länger bleiben, sonst brachte ich mich und alle anderen in Gefahr.

Ich hatte keine Ahnung, was »Morphyr« zu bedeuten hatte. Etwas Außerirdisches, das von uns Menschen Besitz ergreifen wollte, das schien mir naheliegend. Und ich sollte quasi als Katalysator dienen, durch meine Träume, in denen ich die Morphiden mit mir nahm, sodass sie ausschwärmen und nach weiteren Adepten suchen konnten. Und was auch immer sie noch vorhatten - wahrscheinlich wollten sie *alles.*

Ich hatte keine Wahl. Ich durfte mein restliches Leben nie wieder allein sein, nur Megacitys wie New York, Delhi, Mumbai oder Mexico City könnten mir eine gewisse Sicherheit geben. Ja, auch China hatte viele Menschen zu bieten, aber dorthin wollte ich denn doch nicht.

Meine Retter wollten mich natürlich aufhalten, als ich angeschlagen, immer noch verdreckt und mit Blutkrusten übersät die Treppe hinunterstolperte, aber ich zitterte weiterhin vor Angst, mein Herz raste, ich fühlte mich keineswegs sicher. Das Böse war *real* und nicht weit von mir entfernt. Ich wollte nicht riskieren, wie weit *sie* gehen würden, um mich zu kriegen. Die Sache mit den Hirschen lag mir immer noch im Magen.

Auf meine eindringliche Bitte hin brachten die braven Leute mich alle geschlossen zur Bahn. Ein Pendelzug sollte bald zur nächsten größeren Stadt fahren. Sie sahen besorgt aus, aber sowohl mein Aussehen als auch mein Benehmen brachten sie zur Überzeugung, dass ich im Wald übergeschnappt war und es besser war, mich so schnell wie möglich loszuwerden, um Scherereien zu vermeiden.

Meine Fotoausrüstung und mein Rucksack waren im Wald verloren, aber ich legte keinen Wert mehr auf die Erfüllung meines Auftrags. Ich musste so schnell wie möglich untertauchen, in der größtmöglichen Menschenmasse, verschwinden in der Durchschnittlichkeit, und nie wieder auffallen.

Die Bahnfahrt war nochmals die Hölle für mich. Bei jedem Ruckeln, jedem Halt, jedem Gesicht, das sich im Abteil zeigte, schreckte ich hoch. Ich beobachtete unablässig die Gegend draußen, vor allem hinter dem Zug, und bildete mir nicht selten ein, dass plötzlich Schatten aus den Bäumen hervorquollen, anwuchsen und schließlich wie ein schleimiger, fettiger Smog den Zug umhüllten.

Ich war allein im Abteil; zum einen war nicht viel los und zum anderen sah ich wenig vertrauenerweckend aus.

Mir tat alles weh, ich hatte Angstzustände und musste mich permanent dazu zwingen, meine Sinne unter Kontrolle zu halten.

Trotz meiner alarmierten Sinne und des Adrenalinschubs holte mich irgendwann die Müdigkeit ein. Mehrmals fielen mir die Augen zu, und ich schreckte hoch, zwang mich, wachzubleiben.

Irgendwie schaffte ich es, dass ich nicht schlief, bis ich daheim ankam. Ich nahm mir die Zeit, mich zu duschen, meine bereits entzündeten Wunden notdürftig zu säubern und zu verpflastern, dann holte ich sämtliches Geld von der Bank, fuhr zum Flughafen und kaufte wie eine brave Touristin ein Hin- und Rückflugticket nach New York, um nicht aufzufallen und mir die Einreise zu erleichtern.

Hier auf dem Flughafen, unter den vielen Menschen, während ich auf den Aufruf warte, fühle ich mich einigermaßen sicher.

Um mich wach zu halten, gieße ich literweise Kaffee in mich hinein und schreibe meine Geschichte auf. Für alle Fälle, wenn mir etwas passiert, oder wenn überhaupt Seltsames passiert, meine Berichte sollen die Erklärungen liefern, warum ich so handle, wie ich es tue, und welche Gefahr uns allen droht.

Mein Netbook ist jetzt mein bester Freund.

Auch im Flugzeug muss ich irgendwie wach bleiben, damit meine Träume sie nicht herbeilocken können. Erst unter Menschenmassen kann ich endlich schlafen.

Es wird ein langer Weg.

Bericht 2
Central Station, New York

Ich hatte so sehr gehofft, dass mein erster Bericht auch mein letzter sein würde. Nach dem Motto: *weil nicht sein kann, was nicht sein darf,* hatte ich mir eingeredet, alles wäre vorbei, wenn ich es einfach leugnen würde. Aus meinem Gedächtnis streichen, oder zumindest aus dem Bewusstsein.

Wenn das nur so einfach wäre. Da habe ich mich mitten im dichtesten Gedränge in der Central Station verkrochen und mich unsichtbar gestellt, mich geradezu in der Menge aufgelöst. Aber die Angst ist geblieben, die Angst vor *ihnen,* den Morphiden, wie sie sich nennen, Abgesandte/Klone/Wasauchimmer des Morphyr, vermutlich außerirdisch.

Diese Angst ist gut, damit bleibe ich stets wachsam, sichere ständig um mich und achte auf verräterische Zeichen.

Ich brauche mir nichts vorzumachen. Es ist mir gelungen, vor ihnen zu fliehen, aber ich darf nicht annehmen, dass damit alles überstanden wäre. Sie haben sehr viel Zeit, schließlich hat es allein vierzehn Jahre gedauert, bis sie überhaupt die Chance bekamen, aus dem Wald rauszukommen. Wahrscheinlich sogar länger, da die erste Kontaktaufnahme wohl über meinen Vater erfolgte. Doch ihm gelang die Flucht nicht, so wie mir. Gewiss, er verschwand spurlos, so wie nun ich. Ich bin jedoch überzeugt, dass sie ihn gefangen haben und dazu zwangen, mich in meinen Träumen zu besuchen und mir die Bilder des Waldes zu übermitteln, in dem sie lauern.

Sie haben einen Fehlschlag erlitten, aber das bedeutet nicht, dass sie die Suche nach mir aufgeben werden. Sie werden mich finden und bestrafen. Und dann für ihre Zwecke missbrauchen.

Damit setze ich bei ihnen zwar menschliche Maßstäbe an. Aber um ans Ziel zu gelangen, müssen sie sich zwangsläufig anpassen und in unseren Bahnen denken. Vielleicht suchen sie parallel nach jemand anderen, der ihnen »helfen« kann. Mich werden sie trotzdem nicht vom Haken lassen, nachdem ich schon daran zapple, Flucht hin, Flucht her.

Total paranoid, werden Sie denken. Eine dreißigjährige, intelligente Frau, die erfolgreich als Journalistin und Fotografin gearbeitet hat, ist völlig abgetaucht, weder privat noch beruflich erreichbar, spurlos verschwunden wie einst ihr Vater.

Ich verkrieche mich auf den überfüllten Straßen dieser riesigen Stadt, suche jede Nacht Zuflucht in einem Asyl, fühle mich nur sicher inmitten der schwitzenden und heruntergekommenen Menschen um mich herum. Ich spüre, wie sie sich schlafend stellen, und dabei warten sie auf jede Gelegenheit zum Stehlen und/oder ein paar heimliche Berührungen … und sie murmeln und träumen, manchmal schreien sie auch. An so einem Ort ist nichts »normal«, sondern angefüllt mit negativen Emotionen und lauten Gedanken, was mein Bewusstsein übertönt.

Bisher ist meine Strategie aufgegangen. Sobald sich das ändert, werde ich zur nächsten Metropole fliehen.

Es ist mir vollkommen gleichgültig, ob Sie mir glauben. Es ist mir jedoch wichtig, dass Sie nicht durch grausame Beweise zu der Erkenntnis gebracht werden, dass ich die Wahrheit gesagt habe. Dies muss auch auf anderem Wege möglich sein.

Je länger ich mich hier verkrieche, desto mehr begreife ich, dass ich allein keinen Weg zur Rettung finden kann. Irgendwann einmal muss ich mich jemandem anvertrauen, ich habe keine Wahl. Ich muss jemand Kompetenten finden, der sich schon seit langer Zeit mit der Ufologie befasst und die nötigen Kontakte hat, um mehr über diese grauenvollen Fremden herauszufinden. Ich habe keine Ahnung, wie ich die Menschen vor dem Zugriff dieser Dinger bewahren kann, und leider sind meine bisherigen Kenntnisse über sie mehr als dürftig.

Deswegen bin ich ständig hin- und hergerissen, was ich tun soll.

Was sie mir im Wald angetan haben, hat mein Leben nicht nur völlig aus den Fugen gebracht, sondern auch ein für alle Mal verändert. Ich weiß nun, dass ich über eine besondere Gabe verfüge, einer Art Empathie, mit der ich die Schwingungen anderer empfangen und auswerten kann. Dadurch konnte ich die Morphiden wahrnehmen – und erkennen, dass sie es nicht gut meinen, obwohl sie es anders geplant hatten.

Heutzutage bin ich nur noch ein zerrüttetes Wrack, von Angst und Verfolgungswahn zerfressen. Ich unterscheide mich von den Obdachlosen nicht mehr im Geringsten. Insofern ist es mir bis zur Vollendung geglückt, unterzutauchen.

In den Nächten (furchtbar einsame Nächte), wenn die Gefahr des Hinauslauschens am größten ist, schreibe ich – auch als Ablenkungstherapie – meine Geschichte auf. Das Netbook habe ich auf einem Refurbished-Markt billig erstanden.

Ich habe mein Rückflugticket verfallen lassen und bin jetzt eine der vielen Illegalen. Dies kommt noch als alltägliches Problem dazu. Die Amerikaner sind nicht halb so dumm wie wir annehmen. Es dauerte nach dem Verfallsdatum des nicht in Anspruch genommenen Tickets gar nicht lange, bis sie meine Spur aufnahmen.

Ich hatte jedoch etwas voraus: Ich lebte da schon monatelang auf der Straße, hatte viel gelernt und war gut unterrichtet worden. Die Obdachlosen auf der ganzen Welt sind ein verschworenes Volk für sich, jeder ist für den anderen da – solange es gegen den Rest der Welt geht, auf die sie aus den unterschiedlichsten Gründen nicht gut zu sprechen sind. Es ist ihnen gleich, ob man spinnt oder nur untertaucht. Wer bei ihnen ist und sich an die Regeln hält, gehört dazu. Die Regeln habe ich sehr schnell gelernt. Vor allem, dass abseits von dem »wir-gegen-die-anderen« eine erbitterte Rivalität untereinander herrscht, nicht nur in Bezug auf die Bettelplätze, sondern auch auf die Nachtquartiere, wenn man im Asyl nicht unterkam. Oder da nicht hinwollte, weil zu viel Gewalt und Gefahr herrschte.

Wenn man dann noch ein Handy oder ein Netbook hatte, wurde man sehr leicht zum Ziel, genauso bei Mänteln, festen Schuhen und so weiter.

Im Asyl warte ich, bis auch der letzte doch noch eingeschlafen ist, und dann stehle ich Strom und schreibe. Das ist natürlich verboten, und oft genug muss ich tagsüber andere Wege finden, an Strom zu kommen – wobei das nicht so schwer ist, wie man glauben möchte. Aber da habe ich weniger Ruhe und Konzentration.

Ich schlafe stets sehr wenig und wecke mich sofort auf, wenn ich zu träumen beginne. Ich habe mich daran gewöhnt, mich tagsüber durch Dösen und intensive Kurzschläfchen zu erholen, denn da ist es ungefährlicher. Meine Gehirnströme gehen in denen der vielen wachen Menschen um mich herum unter.

Doch bei aller Rivalität bilden sich auch immer kleine Gemeinschaften und Gruppen, wo man sich gegenseitig unterstützt. Viele Schwache ergeben in Summe mindestens einen Starken. Und jeder kann irgendetwas, was der andere braucht, so tauschen wir untereinander und retten uns von Tag zu Tag.

Ich bekomme bald einen Pass und Sozialausweis, es gibt immer Quellen. Dann kann ich als Aushilfe in einem Supermarkt jobben, Auspacken, Einpacken und so weiter. Einfachste Dinge, bei denen keiner Fragen stellt und man sehr schlecht, aber bar bezahlt wird. Das Geld ist mir schon lange ausgegangen und ich schummle mich wie alle anderen irgendwie durch.

Ich habe kein Zeitgefühl mehr, Jahreszeiten, Monate, Tage bedeuten mir nichts. Das Leben auf der Straße ist immer gleich. Ich lungere an verschiedenen Stellen herum, um niemandem aufzufallen. Mir ist nie langweilig, da ich ständig mit Wachsamkeit und Beobachtung beschäftigt bin, auf der Jagd nach Essen, Strom, Kleidung, Ruheplatz.

Nachts krieche ich zumeist im Asyl unter, die paar Kröten dafür kann ich fast immer zusammenkratzen. Nur die Ausweise, die ich morgen abhole, reißen ein Loch. Aber darüber denke ich jetzt nicht nach.

Gegen Morgen zu werde ich doch müde, und ich lege mich ein Weilchen hin. Mein Körper hat sich angewöhnt, sehr schnell in eine Tiefschlafphase zu fallen und erst danach das Träumen anzufangen, da ich mich ja immer aufwecke. Das ist ebenfalls schon Routine.

In der Früh ist noch alles da, was zu mir gehört. Ich stelle mich in die lange Reihe zur Dusche, mopse mir von der Nachbarin etwas Duschgel, um meines aufzusparen, und mache einen weitgehend ordentlichen Menschen aus mir. Man darf nicht annehmen, dass alle Penner stinkende Säufer sind, das ist nur ein winziger Prozentsatz. Der überwiegende Teil kommt recht ordentlich daher, so wie ich, gewaschen und mit einigermaßen gepflegter Kleidung. Wir fallen nicht sofort auf; nur mit einer gewissen Übung erkennt man den bestimmten unsteten, suchenden Blick, die etwas geduckte Haltung.

»Haste gehört«, sagte Lilly III zu mir, als sie mit tropfnassen Haaren an mir vorüberkam, »sie ham Schnecken-Rosie gekillt.«

Ich schrak zusammen. »Wann? Wo? Wer?«

»Vor 'n paar Stunden. Bei den Gleisen drüben. Keine Ahnung, was sie da gewollt hat.«

Ich lehnte mich erschüttert an die Wand. Schnecken-Rosie kannte ich schon beinahe so lange, wie ich hier war. Ich hatte sie gemocht, sie war eine verschrobene Alte mit einem blitzgescheiten Verstand. Den Großteil meiner Straßenausbildung verdankte ich ihr. Sie war so was wie ein Stück Heimat für mich, und nun hatte man sie ermordet! Warum nur? Sie besaß absolut gar nichts, sie war alt und hässlich und trat niemandem zu nahe.

»Wie ist sie ermordet worden?«, hakte ich nach.

»Is 'ne komische Sache«, antwortete Lilly III achselzuckend. »Die Bullen ham alles abgeriegelt und so, man konnte nich ran. Irgendeiner will gesehn ham, dass ihr Kopf angebohrt war oder so was. Jedenfalls is die Todesursache nich bekannt, so isses. Die wern sie irgendwo verscharrn wie jeden annern Straßendieb auch und sich nich weiter drum kümmern, wer's getan ham könnt'. Sin' nur froh, dass wieder einer weniger bettelt.«

Als ich später auf die Straße stolperte, konnte ich es immer noch nicht fassen. Ich ging gleich rüber zur spanischen Ecke, zu meinen beiden besten Freunden Jack und George. Auch sie hatten Schnecken-Rosie unendlich lange gekannt und geliebt. Sie wussten schon alles und waren zutiefst schockiert, wie ich.

»Sind se jetzt alle von der Rolle?«, stieß George hervor. »Wer tut denn so 'nem alten Weibchen was zuleide, Menschenskind!«

»'s war jedenfalls kein normaler Pennermord«, fügte Jack hinzu. »Also irgendsolche Typen, die 'n Hass auf uns ham oder so. Hab gehört, dass se die arme Alte 'ne ganze Weile gehetzt haben – die mit ihrem Schneckengang! Sie hatten's auf irgendwas abgesehn, aber 's findet sich kein Hinweis. Ihre Kleidung war durchwühlt, aber sie is' nich' angerührt worden … bis auf ihren Schädel, den ham se geradewegs auseinandergenommen.«

»Wer tut nur so was?«, wiederholte George.

»Meint ihr, wir müssen jetzt aufpassen?«, wollte ich wissen.

»Nee, glaub ich nich.«

»Wieso nich? Wenn die noch nich gefunden ham, was se suchen?«

»Ich muss meine Ausweise holen«, entschied ich. Das Gerede der beiden beunruhigte mich zutiefst. Ich war schon immer ein ziemlicher Angsthase gewesen; und wenn jetzt zu meiner Alien-Paranoia noch ein Serientäter hinzu kam, würde ich ganz durchdrehen.

Ich wollte nicht weiter darüber nachdenken; meine Ausweise zu organisieren war jetzt viel wichtiger. Das sollte ohne Probleme vonstattengehen.

Dachte ich.

Auf dem Rückweg zu meinen Freunden verstellte mir plötzlich ein Mann den Weg. Ich hatte ihn noch nie hier gesehen, außerdem war er viel zu gut gekleidet. Schlipsträger, teurer Mantel.

»Ich habe Sie beobachtet«, sagte er.

Ich sagte nichts. Versuchte, äußerlich ruhig und abweisend zu bleiben, wie es so Usus war, während ich innerlich flatterte.

»Schon länger«, fügte er hinzu.

Das Wort »länger« hallte in meinem Kopf nach. Mir wurde vom Kopf her über den ganzen Körper hinab eiskalt. Über meinen Verstand legte sich eine dicke Watte. Dann war alles schwarz.

»Nein!« Ich wachte von meinem eigenen Schrei auf und fuhr hoch. Wie lange war ich weg? Hatte ich geträumt? War ich im Knast? Schon in der Abschiebung?

»He, nur die Ruhe«, drang eine sanfte Stimme durch das Rauschen in meinen Ohren. Diese Stimme hatte ich schon einmal gehört. Sie war schuld an meinem Zustand.

Ich starrte den Mann an und erkannte allmählich auch die Umgebung. Ich befand mich auf Mama Lucias Matratzenlager, eine Pennerbehausung im Kellerraum einer miesen Absteige. Ganz in der Nähe, wo ich umgefallen war. Mama Lucia ist eine feiste Matrone, bei der man immer unterkriechen kann, wenn man gerade auf der Fahndungsliste steht. Es gefiel mir ganz und gar nicht, dass dieser Mann den Platz kannte.

»Woher wissen Sie von diesem Ort hier?«, fragte ich ihn.

»Ich kenne hier ziemlich alles«, antwortete er. Er reichte mir einen dampfenden Teller mit einem kräftigen Eintopf und einer dicken Scheibe Brot. »Sie sollten erst einmal etwas essen, bevor Sie wieder umfallen. Unterzucker kann ziemlich gefährlich werden, auch wenn man kein Diabetiker ist.«

Da hatte er recht. Ich hatte wieder einmal das Essen vergessen. Passierte mir in letzter Zeit immer häufiger. Ich fiel über den Teller her und stillte meinen Hunger.

»Was wollen Sie?«, fragte ich mit vollem Mund.

»Sie wollen gar nicht wissen, wer ich bin?«, entgegnete er lächelnd.

Ich zuckte die Achseln.

»Na schön, ich bin von der Ausländerbehörde«, behauptete er schließlich.

»Reden Sie keinen Stuss, Sie sind 'n Bulle«, unterbrach ich ihn. Inzwischen hatte ich Zeit gehabt, ihn mir genauer anzusehen. Er sah gar nicht so übel aus, ungefähr mein Alter. Freundliche Augen. Einer von den *Berufenen.*

»Okay, wenn Sie meinen, dass das besser klingt«, meinte er leichthin.

»Ist 'n verflixt großer Unterschied. Wenn Sie Lust haben, können Sie sogar was richtig Gutes tun. Sagen Sie, was Sie von mir wollen, bis Ihre Kollegen von der Behörde kommen und mich abschieben. Dann hauen Sie ab.«

»Ich habe nicht vor, etwas gegen Sie zu unternehmen.«

Ich verschluckte mich und starrte ihn entgeistert an. Er hatte meinen Ausweis in der Hand und begutachtete ihn. Hanna Bristol stand drin, mein derzeitiger Nachname. »Gute Arbeit«, lobte er. »Sie sind nicht übers Ohr gehauen worden. Von einem echten nicht zu unterscheiden.«

»Was wollen Sie?«, wiederholte ich ungeduldig. Irgendwie war meine Angst wie weggeblasen, obwohl er mir sonstwas erzählen und mich dann doch in den Knast stecken konnte. Ich mochte den Kerl. Sei's drum. Bin auch nur eine Frau, und schon lange ohne Mann.

»Schnecken-Rosie«, gab er das Stichwort.

»Ich hab sie nicht kaltgemacht. Mein Alibi ist das Asyl. Fragen Sie dort nach.« Ich stand auf, räumte den Teller weg und griff nach meinen Sachen.

Er lief mir nach. »Warten Sie doch«, bat er. »Ich möchte mit Ihnen reden. Das sind Sie mir schuldig.«

Ich blieb stehen. »Na schön. Laden Sie mich zu einem Kaffee und Apfelkuchen ein und schütten Sie mir Ihr Herz aus.«

Wir gingen gleich nach nebenan, und es zeigte sich, dass mein Begleiter tatsächlich allgemein bekannt war, obwohl er mir vorher noch nie aufgefallen war. Nach so langer Zeit! Wahrscheinlich, weil ich immer mit gesenktem Blick durch die Straßen schlurfte. Wen ich nicht sah, der sah mich auch nicht.

Fehlanzeige, zumindest was diesen Cop betraf.

Er hieß Mark Bantry und war irischer Abstammung. Das war klar: Für Iren gab es im gelobten Land nur zwei Berufe. Sie wurden Gauner oder Bullen. Als Pizzabäcker hat man noch keinen gesehen.

Er hatte mir also keinen Bären aufgebunden; offensichtlich hielten die Leute was von ihm, so freundlich, wie er bedient wurde. Vielleicht, weil er dafür bezahlte. Was aber wollte er wegen des Mordes ausgerechnet von mir?

»Du hast Rosie gekannt«, fuhr er nach dem ersten heißen Schluck und der Klärung der Anrede fort.

»Jeder hat sie gekannt. Und ich nicht einmal am besten. Ich kann dir wirklich nichts über sie sagen. Bist du offiziell mit dem Mord beauftragt?«

»Ja. Ist mein Revier.«

»Das bringt mich in Teufels Küche, Mark, denn ich bin keine Zeugin. Und ich weiß nichts, gar nichts. Warum wendest du dich nicht an George oder die anderen? Bares wirkt bei ihnen Wunder.«

»Zu denen komme ich noch. Aber ich will auch etwas über dich wissen.«

»Mich?« Ich gab mich betont lässig. Gleichzeitig sondierte ich meine Chancen auf eine Flucht.

»Da ist er schon wieder, dieser gehetzte Blick. Ich sehe dich heute nicht zum ersten Mal«, sagte er. »Du bist nicht abgestürzt. Du versteckst dich.«

»Das geht dich nichts an«, erteilte ich ihm eine Abfuhr.

»Du verstehst mich schon wieder falsch. Ich glaube nicht, dass du ein Verbrechen begangen hast, und selbst wenn, interessiert es mich nicht. Es geht nur um dich.«

Ich konnte meine Unruhe nun nicht mehr verbergen. Mir brach der Schweiß aus, und ich versuchte, meine durcheinanderstürmenden Gedanken unter Kontrolle zu bringen. Nur nicht auffallen, durch so eine Nachlässigkeit kann es passieren, dass *sie* mich finden. »Wie soll ich denn das verstehen?«

Nun zögerte Mark zum ersten Mal. »Du bist anders als die anderen. Klingt blöd, aber es zieht mich zu dir hin«, gestand er. »Schon, als ich dich das erste Mal sah. Ich habe das Bedürfnis, dich zu beschützen.«

Ich schüttelte den Kopf. »Ich brauche keinen Beschützer. Und wenn du eine Frau brauchst, such dir eine in deiner Liga.«

»Darum geht es nicht. Ich will dir wirklich helfen. Du musst hier raus, schon allein wegen dieses … Mordes.«

Ich musterte ihn. »Du rechnest mit weiteren Morden?«

Er nickte. »Diese Gegend hier ist momentan ziemlich gefährlich. Wir finden schon seit einiger Zeit verstümmelte Ratten und Hunde, die alle diese … merkwürdigen Wunden am Kopf aufweisen, genau wie Rosie. Sie ist das erste menschliche Opfer, was uns tiefe Sorge bereitet.« Er zögerte. »Ich dürfte dir das gar nicht sagen. Verrate mich bitte nicht.«

Eine eiskalte Klaue griff nach meinem Herzen. Hier passierte Grausiges, und ich stolperte seelenruhig durch die Straßen. Wie konnte ich nur so verblendet sein? Es gab viel greifbarere Dinge, die an die Existenz gingen. Die menschlichen Abgründe waren mindestens ebenso tief wie die der Außerirdischen.

»Glaubst du wirklich, dass das derselbe Täter ist? Oder sind es mehrere?«, fragte ich.

»Ich glaube gar nichts«, erwiderte er. »Ich weiß nur, dass seit einiger Zeit seltsame Dinge passieren, und dass sich hier niemand freiwillig aufhalten sollte, wenn er auch anderswo hingehen kann.«

Ich lachte abfällig. »Und wo soll ich hingehen?«

»Ich könnte dir das Geld für einen Rückflug in deine Heimat leihen. Was auch immer dich hierhergetrieben haben mag, es muss vorbei sein, Hanna«, sagte er. »Fang ein neues Leben an.«

Ich schüttelte den Kopf. »Ich bin hier zu Hause, Mark. Inzwischen sogar ganz legal. Nichts für ungut, aber kümmere dich um deine Angelegenheiten.«

Er stand auf. »Ob's dir passt oder nicht, du bist eine meiner Angelegenheiten«, sagte er. »Wo schläfst du heute nacht?«

»Na, wo schon?«

»Hast du nicht mal Lust auf ein anständiges Bad, ein gutes Bett und eine Abendmahlzeit bei Kerzenschein?«

Ich schielte argwöhnisch zu ihm hoch. Immerhin, dergleichen geschah nicht zum ersten Mal. Erst vor zwei Monaten war Lilian auf diese Art abgehauen, mit irgendeinem LKW-Typen, der sie auf Tour mitgenommen hatte. Aber ein Cop …

»Ist nur meine soziale Ader, wirklich«, beschwichtigte Mark grinsend.

Eigentlich war das ganz süß von ihm. Hatte sich in mich verguckt, warum auch immer. Vielleicht so ein Samariter-Syndrom bei obdachlosen jungen Frauen.

Zum ersten Mal seit langer Zeit streckte ich vorsichtig meine Fühler nach ihm aus. Ich konnte nichts Erschreckendes spüren, keine perversen Gelüste oder etwas Falsches. Er war wirklich ein Polizist, kein verkappter Mörder, und er wollte mich beschützen. Ziemlich einsam. Fand wohl keine Frauen in seinem Umfeld.

Warum also nicht? Ich hatte auch schon sehr lange keine Nestwärme mehr gespürt.

Ich ging also mit. So einfach war das. Glauben Sie nicht? Ihr Problem.

Mark hatte sich in einer verlassenen Fabrik im dritten Stock wohnlich eingerichtet; na ja, wenn man das so nennen kann. Viel besaß er ja nicht; das Teuerste war der Anzug, den er am Leib trug. Arbeitskleidung, die er von der Steuer absetzen konnte. Ich glaube, er war ziemlich einsam und schien sich über meine Gesellschaft zu freuen. Über eine unkonventionelle Gesellschaft, bei der er sich nicht verstellen oder besondere Mühe geben musste. Vielleicht hatte er mich deshalb mitgeschleppt, nur mal zur Unterhaltung und um was Weibliches, das noch nicht jenseits der biologischen Grenze war, um sich zu haben.

»Keine will einen Mann, der ständig im Leben Toter herumstöbert oder sich mit Leichen beschäftigt«, meinte er. »Der keine geregelten Arbeitszeiten hat und so viel Grauen sieht, dass er das nicht aus seinem Privatleben vollständig heraushalten kann.« Recht hatte er.

Und ich wollte wenigstens für eine Nacht aus meinem freiwilligen Straßendasein aussteigen und einfach nur ich selbst sein. Seele baumeln lassen und so. Mich daran erinnern, wie ich früher gelebt hatte.

Türen hatte diese Fabrikwohnung immerhin, und ich konnte ausgedehnt baden. Bis ich wieder herauskam, waren meine Sachen schon gewaschen und hingen auf der Leine. Mark gab mir Socken, Jeans und einen Pullover; meine Unterwäsche trocknete ich mit dem Fön.

»Du bist hübsch«, lobte er.

»Quatsch«, sagte ich. Ich war zaundürr, mein Haar glanzlos, und Schminke hatte ich auch keine. Ein schwacher Abglanz meiner einstmals blendenden Erscheinung.

Ich kauerte mich auf ein Sitzkissen an den niedrigen Tisch, auf dem zwei Kerzen angezündet waren und ein fürstliches Abendessen aus dem *Gungi-Dinner* auf mich wartete.

Mark schenkte Weißwein in zwei Gläser, und eine Weile schmausten wir schweigend. Ich musste die Umgebung zuerst auf mich einwirken lassen; immerhin war es das erste Mal seit langer Zeit, dass ich fernab von anderen Menschen nur mit einem Mann zusammen war, und er grübelte wohl über den Mord an Schnecken-Rosie nach.

»Ich weiß gar nicht, wo ich ansetzen soll«, begann er schließlich die Unterhaltung. »Es gibt einfach keinerlei Hinweise.«

»Es muss jemand von außerhalb sein«, sagte ich. »Keiner von uns würde einem anderen den Kopf anbohren.«

»Das ist mir klar. Aber das macht es nicht leichter, im Gegenteil.«

Ich zuckte die Achseln und aß weiter. Es war seine Aufgabe, für Ruhe und Ordnung zu sorgen. Ich genoss die herrliche Stille um mich herum, keine verbrauchten Körper, keine Emotionen. Mark hielt sich erstaunlich zurück; ich konnte ihn nur erfassen, wenn ich meine Fühler ausstreckte. Was ich aber nicht tat. Sollte er sich doch als schizoider Irrer herausstellen, würde ich die Wandlung seiner Persönlichkeit sehr schnell merken. Mit dem Bösen kenne ich mich aus, ich bin darauf inzwischen hinreichend sensibilisiert.

Nach dem Essen schaute ich mich um; es gab ein Schlafzimmer und noch einen abgeschlossenen Raum. »Da drin werde ich schlafen«, sagte ich bestimmt.

Mark hob eine Braue. »Ich dachte, du schläfst gar nicht.«

»Schadet der Gesundheit.« Ich nickte. »Aber ganz ohne geht es nicht. Ein, zwei Stunden, bevor die Träume anfangen.«

»Was hast du gegen Träume?«

»Sind noch schädlicher.«

»Du bist schon merkwürdig.«

»Aber wenigstens kein Cop.«

Wir redeten noch eine Weile weiter, und wir unterhielten uns sehr gut. Wir entdeckten viele Gemeinsamkeiten aus früheren Zeiten, und unser Verhältnis war bald so vertraut, als wären wir schon lange Freunde. Dennoch war ich froh, dass wir's nicht miteinander taten, obwohl ich mich schon danach sehnte. Wahrscheinlich war ich inzwischen zu sehr verkorkst, und ich wollte diesen schönen Abend nicht versauen. Immerhin verdankte ich Mark diesen Abend und gepflegte, zivilisierte Unterhaltung.

Also ging brav jeder für sich in sein Kämmerlein schlafen, und nach ein paar Aufzeichnungen gelang es mir auch, traumlos hinüber zu schlummern. Es war die erste ruhige Nacht seit meiner Abreise zum Wald.

Noch vor dem Morgengrauen machte ich mich davon; nicht ohne die Reste des Essens mitzunehmen und Mark einen kleinen Dankeszettel zu hinterlassen. Er wusste ohnehin, wo er mich finden konnte; hoffentlich erwartete er nicht noch ein gemeinsames Frühstück. Das wäre mir denn doch zu viel gewesen.

Ich lungerte eine Weile im dichten Gedränge auf der Central Station herum und tauchte in den vielen Gedanken und Emotionen unter. Was ich getan hatte, war sehr gefährlich gewesen. Nahezu allein, mit freien Gedanken, und ich hatte sogar ausgiebig geschlafen … aber seltsam, ich fühlte mich nicht ängstlicher oder bedrohter als sonst. Natürlich war ich weit davon entfernt, nun plötzlich von einem normalen Leben zu träumen, nur weil mir nichts passiert war. An meiner Situation hatte sich nichts geändert.

Als ich zu Jack und George ging, war Mark bereits da und hatte die beiden mit seinen Fragen durchlöchert. Aber nicht nur sie, sondern auch alle anderen meiner näheren Bekannten; Lilly III, Wanda, Sam und einige mehr. Ich dachte mir allerdings nichts dabei, denn sie alle hatten wie ich zu Schnecken-Rosies Kreis gehört.

Mark kümmerte sich nicht weiter um mich, nachdem ich ihm eine Abfuhr erteilt hatte; wenn er seiner Arbeit nachging, wollte ich nichts mit ihm zu tun haben. Das konnte sich ändern, wenn er in seiner Freizeit aufkreuzte.

Aber an diesem Abend wurde es nichts, denn er hatte wahrscheinlich zu viel zu tun. Ich durchstreifte die Straßen. Es war alles ganz normal, wie immer. Worüber machte ich mir Gedanken? Ich sollte dieses Geschehnis lieber als Anstoß nehmen, um endlich einmal Pläne zu schmieden. Herauszufinden, an wen ich mich wenden könnte, um ihm meine Geschichte zu erzählen und wenigstens einen Teil der Verantwortung loszuwerden.

Aber wer würde mir schon glauben? Mit meinem jetzigen Status weniger denn je.

Anscheinend führte der Weg zu Mark.

Nachdem wir einen Abend ausgelassen hatten, trafen wir uns öfter. Unsere Gespräche und unser Zusammensein wurde vertrauter, wenngleich wir nie den letzten Schritt unternahmen. So war das nicht zwischen uns. Es war eine freundschaftliche Beziehung, und Mark trat als mein Beschützer auf. Er zeigte sich besorgt über die negative Entwicklung seiner Ermittlungen, aber auch über mich. Er spürte wohl, dass da tief in mir etwas verborgen lag, das mich quälte, und wollte es unbedingt herausfinden. Klar spielte dabei sein Beruf eine Rolle; einer wie er kann gar nicht anders, als alles zu analysieren und den Dingen auf den Grund zu gehen.

Ich wehrte mich zunächst gegen eine Offenbarung, was gewiss nachvollziehbar ist; aber das schlechte Gewissen plagte mich zusehends. Mark warf mir vor, kein Vertrauen zu haben. Das bestätigte ich. Seit dem spurlosen Verschwinden meines Vaters an meinem Geburtstag hatte ich zu niemandem mehr Vertrauen gefasst, und er fand keinen Weg, diese Hürde zu nehmen. Um es mir zu erleichtern, zeigte er mir alles aus seinem Leben, sogar seinen Kontostand. Ich begriff immer mehr, dass er sich ernsthaft Sorgen um mich machte, und dass er vielleicht der rettende Engel aus meiner Lage wäre.

Lilly III war die nächste. An ihrem Todestag hatte ich sie getroffen und mich mit ihr unterhalten, und alles schien bestens. In der Nacht wurde sie auf bestialische Weise ermordet. Sie muss sehr gelitten haben; der Autopsie-Bericht ergab später, dass sie, selbst wenn die letzte Verletzung nicht tödlich gewesen wäre, an ihrer Angst gestorben wäre. Sie war auf unbekannte Weise in eine kleine dunkle Gasse geschleppt worden; ebenso wie bei Schnecken-Rosie wies ihr Kopf zahlreiche furchtbare Verletzungen auf. Und ihr Gehirn fehlte, wie Mark mir heimlich mitteilte. Auch Rosies Gehirn war gestohlen worden.

Damit steigerte sich meine Angst wieder, und ich zapfte einige Quellen an, um mir eine Waffe zu besorgen. Vielleicht half sie mir nicht gegen einen solchen Gegner, aber wenigstens beruhigte sie mich und vermittelte mir ein trügerisches Gefühl der Sicherheit.

Als auch Sam und George auf dieselbe Weise ermordet wurden, ließ Mark nicht mehr locker. Er wollte mich zwingen, zu ihm zu ziehen, und ich sah mich immer mehr vor die Entscheidung gestellt, mich ihm zu offenbaren, warum ich das nicht wollte.

Jetzt brauchte ich nämlich mehr denn je die Menschenmassen um mich herum, denn diese Mordserie an so vielen meiner Straßenfreunde regte mich über alle Maßen auf. Ich hatte meine Gefühle und Gedanken nicht mehr unter Kontrolle, ebensowenig meine Träume. Ich träumte wirr und unzusammenhängend, und entgegen meiner sonstigen Fähigkeiten schaffte ich es nicht immer, mich rechtzeitig aufzuwecken. Meine Schreie ließen mich hochfahren. Also musste ich Tag und Nacht unter Leute, denn jetzt war ich in größerer Gefahr denn je.

Aber wie sollte ich Mark das erklären? Er würde niemals begreifen können, dass diese Morde für mich weitaus bedrohlicher waren, als er es sich nach menschlichem Ermessen vorstellen konnte. Und ich bekam meine Angst nicht in den Griff; die Überlebenden von uns ebensowenig. Jeder von uns rätselte, wer der Nächste sein würde. Wer diese grauenvollen Taten beging und warum. Wir schlossen sogar Wetten ab. Dennoch ging keiner fort. Wohin hätten wir gehen sollen?

Die Polizei patrouillierte jetzt regelmäßig, nachdem es derart überhandnahm und auch die Presse davon Wind bekam. Mark hatte eine ganze Truppe Plattfußsoldaten zugeteilt bekommen. Das war uns nicht recht, denn sie nutzten die Gelegenheit, um hinter allem und jedem herzuschnüffeln, und wir fanden gar keine Ruhe mehr.

Und ich hatte ständig Mark im Genick. Immer noch hatte ich nicht den Mut gefunden, mit ihm zu sprechen, obwohl ich ein paarmal nahe drangewesen war. Ihm schien es ebenso zu gehen; manchmal machte er ein seltsames Gesicht und sein Mund öffnete sich. Dann glitt so etwas wie ein Schleier über seine Augen, und er schwieg.

Ich achtete lange nicht darauf, was beinahe zu meinem Verhängnis wurde.

Irgendwie schaffte ich es, am Leben zu bleiben und weiterhin zwischen den Leuten unterzutauchen. Mark hatte durch die vielen Morde, die unsere Reihen zusehends lichteten, so viel zu tun, dass er mir nicht ständig nachstellen konnte.

Und ich kroch im Asyl unter, um einmal in Ruhe nachdenken zu können. In der letzten Zeit hatte ich rein instinktiv wie ein Tier gehandelt. Jetzt sollte ich mich darauf besinnen, dass ich ein Mensch mit einem funktionierenden Gehirn war und nun mit dem Verstand an die Sache heranzugehen hatte. Schließlich hatten Recherchen und Schlussfolgerungen einst zu meinem Beruf gehört. Ich hatte gelernt, die Dinge sachlich zu betrachten.

Die Zahl der Toten belief sich inzwischen auf zehn. Alle waren auf ähnliche Weise ermordet worden, und ihnen fehlte das Gehirn.

Dann änderte sich etwas. Die Abstände zwischen den Morden wurden immer geringer, und die Opfer starben auch sehr viel schneller. Der elfte Tote, Jim, hatte es wahrscheinlich nicht einmal mitbekommen. Sein Kopf wies nur eine einzige Verletzung auf, und sein unversehrtes Gesicht wirkte noch sehr verdutzt, als man ihn fand. Es schien ganz so, als ob der Täter nun mehr Erfahrung und Routine - oder größere Kräfte besaß. Man ging von einem einzigen männlichen Täter aus, obwohl es keinerlei Hinweise gab. Das FBI hatte mittlerweile einen Profiler geschickt, doch der musste die Segel streichen. Verschiedene Zeitungsenten, um dem Täter eine Falle zu stellen, hatten ebenso wenig gebracht wie die Hinweise aus der Bevölkerung.

Was hatten die Opfer gemeinsam, abgesehen von der Todesart? Sie waren Obdachlose, und alle hatten sich gekannt. Das war alles. Weder Alter, noch Geschlecht, noch Vorleben spielten eine Rolle.

Ich zerbrach mir den Kopf. Irgendwo *musste* der Schlüssel liegen, aber ich kam einfach nicht drauf. Es musste eine Verbindung geben, die direkt vor meiner Nase lag.

Und dann, spät am Abend, nachdem ich nochmal alle Notizen, Zeitungsausschnitte und Hinweise durchgegangen war, hatte ich es. Und mir wurde klar, dass ich die Einzige war, die das alles beenden konnte.

Meine Zähne klapperten, als ich mich in die Dunkelheit davonstahl. Ich wusste, dass Mark an diesem Abend in der Nähe sein würde, um seiner Truppe neue Instruktionen zu geben. Jeden Moment war der nächste Mord zu erwarten. Alle Penner waren angewiesen, sich nach Einbruch der Dunkelheit nicht mehr allein durch die Straßen zu bewegen, und die Straßen überhaupt zu meiden und lieber irgendwo unterzukriechen, wo genügend Menschen drumherum waren. Also so ähnlich, wie ich es schon lange tat.

Daher war ich allein unterwegs, mit der geladenen Kanone in der Hand. Alle Morde waren im Umfeld von nur drei Blocks geschehen, nicht mehr als ein paar finstere Hausecken und Gassen voneinander entfernt. Also musste ich jetzt dorthin und den Täter aktiv suchen, oder ich würde nie mehr Ruhe finden.

Ich hatte das lautlose Schleichen und Verstecken gut gelernt, und ich kannte hier jeden Stein. Ich schnüffelte in jedem Winkel herum, bis ich gegen Mitternacht endlich in der Gasse, in der Lilly III umgebracht worden war, einen Schatten entdeckte. Ein monströser Schatten, beleuchtet vom flackernden Licht einer sterbenden Laternenfunzel, der sich langsam zwischen überquellenden Mülltonnen bewegte. Am Boden entlang kroch Dampf; es hatte nachmittags geregnet, und der Boden war wärmer als die Luft. Von verrosteten Feuerleitern tropfte es auf mich herab. Eine Katze miaute von einem Dachfirst herunter und huschte dann lautlos in die Dunkelheit davon.

Mein Überlebenswille schrie mich an, gefälligst umzukehren, die Polizei zu holen und den Mörder festnehmen zu lassen.

Mein Verstand befahl mir kühl, diese Sache zu Ende zu bringen.

Meine Füße gehorchten einfach meinem Verstand.

Ich stellte mich mitten in die Gasse und hob meine Waffe.

»Ich hoffe, dass das nicht notwendig sein muss«, sagte ich ruhig.

Der Schatten fuhr zusammen und zu mir herum. Ich sah etwas aufblitzen und schoss. Dicht an meinem Ohr pfiff eine Kugel vorbei und schlug in der Mauer ein.

Mein Schuss traf. Ein menschlicher Laut drang aus dem Schatten hervor, und die Gestalt sank zu Boden. Schrumpfte zusammen auf natürliche menschliche Größe und Aussehen, und war Mark, der sterbende Mark in seinem Blut.

»Ich war verblendet«, sagte ich bitter, während ich auf ihn herabschaute. »Beinahe hätte ich mich dir offenbart! Erst heute Abend begriff ich, dass du einen nach dem anderen meiner Freunde ausgeschaltet hast, um mich aus meinem Versteck hervorzulocken. Um mich zu so heftigen Emotionen zu verleiten, dass ihr mich wieder in eure Gewalt bekommen könnt! Was haben sie dir dafür versprochen? Oder bist du einer von ihnen?«

»Nein …«, stöhnte er und hustete. Aus seinem Mundwinkel rann Blut. »Warum hast du nie mit mir geredet … begreifst du denn nicht …«

»Es war mein Glück, dass ich nicht mit dir redete!«, rief ich. »So konnte ich dich entlarven, bevor …«

»Hanna, ich schwöre, ich wollte dir helfen!«, stieß er heiser hervor. »Vielleicht war es mein Fehler, nicht mit dir zu reden, aber ich bezweifelte, dadurch dein Vertrauen erringen zu können. Hanna, ich bin doch wie du, hast du das nie gemerkt? Ich kann dasselbe spüren wie du, und ich habe *sie* gesehen. Aber sie erachteten meine Gabe als zu gering, sie wollten *dich*! Ich erkannte es sofort, als ich dich das erste Mal sah, und ich wusste, in welch großer Gefahr zu schwebtest. Sie waren dir auf die Spur gekommen, konnten dich aber nicht genau ausmachen, da du deine Emotionen inzwischen auf genügend andere Leute verteilt hattest, die dich kannten und über dich nachdachten! Deshalb suchten sie gezielt alle deine Freunde. Ich habe die Morde nicht begangen, Hanna, und auch du nicht, obwohl ich das eine Weile glaubte! *Sie* waren es, nur *sie*, um dich aus deiner Deckung hervorzulocken und dich zu überwältigen, wie du richtig vermutet hast! Aber nicht mit meiner Hilfe …«

Seine Stimme versagte, er keuchte, seine Beine zuckten. Dann starb er.

Ich wich zurück, unfähig, etwas zu sagen oder zu denken. Ich spürte, wie meine Gefühle überschnappten. Ich hatte den einzigen Menschen umgebracht, der mir helfen wollte! Der genau wusste, in welcher Gefahr wir schwebten!

Jeden Moment würden die Cops eintreffen und mich mitnehmen. Ich würde lebenslänglich für diese Tat bekommen und wäre damit ein für alle Mal der Gefahr entronnen, jemals wieder in die Fänge der Morphiden zu geraten …

Ich konnte nicht anders, ich wurde hysterisch. Ich lachte kreischend und fühlte, wie mir die Tränen über die Wangen liefen. Ich stand regungslos da, wollte zu Mark und ihm beteuern, dass ich ihn nicht töten wollte, wollte wegrennen und mich vor einen Zug werfen, wollte mich selbst töten …

… und tat gar nichts. Ich war wie gelähmt. Mein schönes Konstrukt über die Beherrschung des Geistes und der Träume zerfiel zu Trümmern, angesichts des furchtbaren Mordes, den ich begangen hatte, und des noch schrecklicheren Irrtums, dem ich erlegen war.

Ich hatte keine Chance mehr, nicht die geringste. Nicht nur, dass *sie* mich gefunden hatten; sie hatten sich auch durch die grausige Nahrung noch gestärkt, mit meinen Gedanken, meinen Empfindungen, die ich auf andere übertragen hatte. Sie hatten ihnen nicht nur die Geister abgesaugt, sondern gleich alles verspeist, und …

Sirenen und Rufe in der Nähe brachten mich zu mir. Mein Gefühlsausbruch hatte nicht länger als ein paar Sekunden gedauert, ebenso wie der Zeitraum zwischen den Schüssen und Marks Tod. Zwei Minuten vielleicht, in denen die Polizei die Herkunft der Schüsse noch nicht hatte orten können.

Ich rannte an Marks Leiche vorbei weiter in die Dunkelheit hinein, hinter zum Zaun, der den Abschluss der Gasse bildete, und kletterte darüber hinweg. Es half mir gar nichts, mich zu stellen und im Gefängnis oder einem Irrenhaus zu verrotten. Ich musste weitermachen, irgendeinen Weg finden, Verbündete suchen. Wenn Mark schon Bescheid wusste, gab es bestimmt noch andere. Wir mussten Kontakt miteinander aufnehmen und gemeinsam daran arbeiten, die Fremden zu enttarnen. Wenigstens war ich nicht die Einzige mit dieser Gabe, wenngleich wohl die Stärkste …

Ich bremste plötzlich meinen Lauf ab und warf mich schwungvoll hinter eine Mülltonne, die polternd umstürzte. Zwei Katzen, die sich darin ihre Abendmahlzeit zusammengesucht hatten, purzelten mit wütendem Fauchen heraus und begannen sich zu prügeln.

Ich hatte etwas *gesehen*. Nichts Greifbares, Reales, sondern eher wie eine Verdichtung der Schatten.

Dort vor mir, schräg gegenüber auf einer Feuerleiter war *etwas*. Es verdunkelte deutlich das Licht der Straßenlaterne, als es sich nach vorne beugte. Seine Konturen flossen in alle Richtungen, ohne irgend etwas Irdischem zu ähneln, und es war weitaus größer als ein normaler Mensch. Ohne Arme oder Beine floss diese dichte Schwärze langsam weiter herab zu Boden, verschluckte dort den glitzernden Widerschein der Laterne und glitt schmatzend über feuchten Teer.

Die Katzen hatten aufgehört zu kämpfen und starrten in Richtung zu der sich nähernden Schwärze. Sie machten einen Buckel, und ihre Fellhaare sträubten sich. Ein Knurren drang aus ihren Kehlen, aber sie machten keine Anstalten zu fliehen.

Immer näher kam der abscheuliche Schatten, und allmählich konnte ich auch seine staubigen Ausdünstigen riechen, die sich wie Blei so schwer auf meinen Verstand legten.

Die Katzen maunzten schrill und wichen langsam zurück, aber immer noch flohen sie nicht.

Mit dem verbliebenen Rest meines Verstandes konzentrierte ich mich ganz auf die beiden Tiere, projizierte meine Gefühle auf sie und leerte mein Bewusstsein. Ich hinderte sie an der Flucht, denn ich brauchte sie als Ablenkung.

Ich stellte mir vor, nichts als eine leere Hülle zu sein, gehirnlos wie meine beklagenswerten Freunde.

Der wallende Schatten richtete sich hoch auf, und eine

schwarze Staubwolke wehte mir entgegen, aber ich rührte mich nicht und konzentrierte mich weiter auf die beiden tapferen Katzen, obwohl mir die Augenlider schon zufielen.

Dann hörte ich, wie leise zischend Luft eingesaugt wurde, und ein seltsames, kaltes Schnüffeln.

Die Katzen waren inzwischen auf doppelte Größe angeschwollen, und mit ausgefahrenen Krallen gingen sie langsam auf den Schatten zu. Die Konturen veränderten sich leicht, als ob er sich ihnen zuwandte, und sein hauchfeiner Staub hüllte sie ein. Sie knurrten, wichen jedoch keinen Millimeter. Im Gegensatz zu mir wurden sie nicht schläfrig oder benebelt.

Ein langer, atemloser Moment verging.

Dann floss der Schatten zurück auf die Feuerleiter und verschwand über das Dach; ich hatte das Gefühl, ihn bald darauf in den Himmel abheben zu sehen, denn plötzlich erloschen nacheinander die Sterne und flackerten wieder auf. Aber das kann auch Einbildung gewesen sein, die von meiner Erschöpfung herrührte.

Ich zog mich von den Katzen zurück, die augenblicklich ihre Schlägerei fortsetzten, als wäre nichts geschehen.

Die Polizeisirenen waren schon sehr nahe, es war Zeit, zu verschwinden.

Für dieses Mal bin ich entkommen. Die Morphiden hatten mich gefunden, aber ich hatte inzwischen gelernt, mich ihnen zu entziehen.

Der schwache Moment hätte beinahe zu meinem Ende geführt, und ich weiß, dass ich nun vorsichtiger denn je sein muss. Ich darf mir keine tiefergehenden Gefühle mehr erlauben; keinem einzigen Menschen gegenüber mehr. Ich überlasse nichts mehr dem Zufall, bin gewappnet und vorbereitet.

Der arme, gute Mark. Wir scheiterten an unserem gegenseitigen Misstrauen, und nun war er tot, durch meine Hand gestorben. Doch ich musste darüber hinwegkommen, es musste mich kalt lassen, sonst fanden sie mich desto schneller wieder.

Für den Moment bleibt mir wieder einmal nur die Flucht. Immerhin, ich habe einen amerikanischen Pass, und Geld zu beschaffen ist noch die leichteste aller Übungen, angesichts der Gefahr, die uns täglich umgibt.

Und die täglich größer wird. Aber so lange ich frei bin, werden sie es nicht so leicht haben. Denn ohne mich sind sie blind und taub, und das ist eine Hoffnung, die ich nicht aufgeben werde. Immerhin fliehe ich diesmal nicht in Panik, sondern mit einem bestimmten Ziel. Je länger die Jagd dauert, desto stärker werde ich.

Ich habe mich lange genug vor allen versteckt. Jetzt mache ich mich auf die Suche nach Gleichgesinnten.

Aus den FBI-Akten, Ermittler John B. Connaghey, Status: offen, ungeklärt.

Dies ist das zweite Fragment, das ich in dem zurückgelassenen Netbook von Hanna S. gefunden habe.

Sie hinterlässt an jedem Ort des Schreckens eines, bevor sie flüchtet.

Ich bin sicher, es gibt noch weitere Dateien – das Bekenntnis ihrer Schuld. Tief in sich drin weiß sie, da bin ich sicher, dass sie selbst Morphyr ist, eine der schrecklichsten Serienmörderinnen aller Zeiten, und ihre grausamen Taten verpackt in eine fantastische Geschichte über Außerirdische, denen sie ihre Schuld überträgt, um nicht der Wahrheit ins Gesicht blicken zu müssen.

Sie ist in jeder Hinsicht anders als alle bekannten Serienmörder. Ich habe mich mein Leben lang damit beschäftigt, deren Psychologie zu ergründen, zu verstehen, was in ihrem Leben falsch lief – und welcher Schaden im Gehirn, welche falsche Verdrahtung, dafür verantwortlich ist.

Bis zu dem Massaker im Wald an den Holzarbeitern war Hanna S. völlig unauffällig und führte ein ganz normales Leben. Etwas musste im Wald geschehen sein, sie getriggert haben, was der

Auslöser für ihr nunmehr dauerhaft wahnhaftes Verhalten und ihren ungezügelten mörderischen Antrieb darstellte.

Wahrscheinlich hat das schon sehr viel früher angefangen, in ihrer Kindheit, denn sie war jahrzehntelang in therapeutischer Behandlung nach dem frühen Krebstod ihrer Mutter, da war sie erst fünf. Darüber muss ich noch intensiver nachforschen als bisher geschehen.

Was unerwartet und beunruhigend ist, dass sie jetzt auf ihrer Flucht nach Gleichgesinnten suchen will. Serienmörder arbeiten immer allein, oder sie schaffen sich einen ihnen hörigen Sidekick.

Das ist neu. Und bringt mich in schwere Zeitnot.

Es wird nicht schwer sein, ihrer Spur der Vernichtung zu folgen, sie ist unglaublich raffiniert und unfassbar gefährlich. Ich wünschte nur, wir würden ihr nicht immer hinterherhinken, sondern einen Weg finden, ihr einen Schritt voraus zu sein. Unsere Suche wird erschwert durch ihr sprunghaftes, unberechenbares Verhalten, sie hat keine Regeln, keine Obsessionen, die sie an bestimmte Vorgehensweisen binden. Sie wandelt sich ständig.

Wir sind derzeit leider noch weit davon entfernt, Hanna S. aufhalten zu können. Sie hat New York bereits verlassen, und ich bin überzeugt, dass sie sich inzwischen nicht einmal mehr auf amerikanischem Boden befindet. Interpol ist mit im Boot, seit Mark Bantrys Tod; er hatte sich unnötig in Gefahr begeben und auf eigene Faust gehandelt, ohne sich mit mir abzusprechen. Das hat ihn das Leben gekostet.

Doch sein Tod hat wenigstens klargemacht, dass wir es nicht mit einer einfachen Mörderin zu tun haben, und dass sie nicht aufhören wird, bis wir sie aufhalten. Wir sind dabei, eine global agierende Spezialeinheit zusammenzustellen, und Geld spielt keine Rolle. Hanna S. ist jetzt schon dabei, Ted Bundy und Jeffrey Dahmer in Summe und Horror zu übertrumpfen.

Meine Hoffnung ist: Sie wird weitere Fragmente hinterlassen.

Ich bin sicher, je länger es dauert, desto mehr wünscht sie sich, gefunden zu werden. Vielleicht rührt daher ihr Verlangen nach Gleichgesinnten, sie erträgt diese Einsamkeit und Schuld nicht mehr in den wenigen lichten Momenten, die sie noch hat.

Vielleicht erfahre ich dadurch noch, was mit ihrem seit über vierzehn Jahren vermissten Vater geschehen ist. Ich bin sicher, Hanna S. weiß mehr darüber, als sie derzeit preisgibt. Möglicherweise war er ihr erstes und vierzehn Jahre lang einziges Opfer.

Sie glaubt, sich mit dem Aufschreiben ihrer Geschichte vor dem Wahnsinn zu schützen – und ist doch schon mittendrin, denn die Wahrheit ist nur noch bruchstückhaft erkennbar.

Irgendwann kommt der Punkt, an dem alles kippt.

Hoffentlich finden wir sie vorher.

Das Kochduell

Der Genießerdrache Lukullus und die Hexe Urgsala gerieten in Streit. Es ging, wie sollte es auch anders sein, ums Kochen.

Jeder weiß, dass Lukullus nichts lieber tut als den ganzen Tag zu kochen und anschließend mit Begeisterung alles zu verputzen. Wobei er sein Essen aber auch liebend gern mit anderen teilt, es ist immer genug da, und deswegen hat er nicht selten Gäste.

Denn die Düfte, die aus dem Kamin seiner Höhle schweben und sich überall nasekitzelnd im Land verteilen, sind angefüllt mit Brutzelsaft und Wurstgedampf und Bratgezisch und Plätzchenblume.

Und als Nachtisch reihen sich Schokoeis und Honigbananen und Zuckerapfel und Himbeerlutscher auf der Platte, alles selbst gemacht.

Der Genießerdrache Lukullus ist ein wahres Schleckermäulchen, und singen kann er noch dazu, was er gern und ausgiebig tut bei der Zubereitung von Hähnchen in Honig, Mandelpudding mit Karamellsoße und Zuckerschaumtorte:

»Mhhhmmm, ach wie köstlich ist das Gulasch,
dieser zischende, brodelnde, dampfende Kladderadatsch,
ich lieb's so sehr und will noch mehr!
Gebt mir ein A-Ne, darauf reimt sich Sah-ne,
Ich sag A-De, darauf reimt sich Scho-ko-la-de,
von der lieben A-Line krieg ich eine Pra-line …«

Und so geht es fort und fort.

Dazu trägt Lukullus eine hohe weiße Kochmütze auf dem spitzen Kopf, und eine weiße Kochschürze vor seinem beachtlichen Bauch, und er tänzelt auf seinen starken grünen Hinterbeinen zwischen den verschiedenen Kochtöpfen und balanciert dabei auf seinen Armen und in den feinfühligen Krallenhänden Teller voller Kräuter und Würze und Gemüseschnippel und Allerleischeiben, Püriertem und Paniertem.

»Ein Bröselchen hier, ein Streuselchen da,
ein wenig umgerührt, und dann probiert,
mhmm, ja, das ist die feine Art!«

Lukullus gelingt einfach alles, jedes Gericht und nahezu jeder Gesang. Und was da so hin und wieder zu Bruch ging, weil er sich ungeschickt anstellte, darüber sprechen wir jetzt nicht.

Sondern vom Streit.

Genau gesagt: Von *dem* Streit. Besser noch: DEM Streit.

Die Hexe Urgsala, die sowieso mit jedem spinnefeind war, ärgerte sich maßlos über die Kochkünste ihres Nachbarn. *Und* darüber, dass Lukullus immer so viele Gäste hatte und das Gelächter bis zu ihr herüberschallte und ihre Ohren beleidigte, denn gute Laune lehnte jede Hexe, die etwas auf sich hielt, ab.

Doch das mit dem Kochen war schlimmer.

Weil Urgsala nämlich auch gern kochte, nur das wollte niemand essen, nicht mal die Schlammverkleckssten Schmutzkobolde, und die waren an sich nicht wählerisch. Und zu lachen, ja, auf die Idee kam natürlich niemand in der Nähe der Hexe.

Also gingen selbst die Schlammverkleckssten Schmutzkobolde lieber zu Lukullus, wie übrigens alle aus dem Wald, und wenn ich *alle* sage, dann meine ich das auch so.

Also auch die Flüsterfeen und die Pfeifgnome, die Winterelfen und die Laubschaufler, die Stelzenhamster und die Mäusebrigade, und sogar der wollhaarige Waldschrat, vor dem alle ein bisschen Angst hatten. Schließlich war er so groß wie ein Bär und brummte auch so. Aber er ließ sich gern auf einem der großen Kissen am Herd nieder und machte wie alle »Mhmm …« und »Aaahhhh …«, während er mit langer Kralle vorsichtig ein in Waldhonig getauchtes Pfirsichstück pickte und zu seinen spitz geformten Lippen führte.

Und Menschen kamen natürlich ebenso, gerade solche wie du und ich und auch du.

So kam es, dass an besagtem Nachmittag, von dem ich euch erzählen will, als nämlich Halloween war und Wesen aus dem Wald und Menschenkinder wie ihr aus dem Dorf nebenan zu Besuch waren und die Teller bereithielten, als sie erwartungsfroh mit der Zunge über die Lippen leckten, dass genau da die Hexe Urgsala wie ein Wirbelwind hereingebraust kam und mit ziegenmeckernder Stimme rief:

»Ich fordere dich heraus, du Schwindler! Ich weiß nämlich, du kannst gar nicht kochen, das ist alles Lug und Trug! Du übst einen Zauber und setzt in Wirklichkeit nur altes Laub und faule Eicheln vor!«

Alle Besucher wandten sich ihr zu und sahen sie mit großen Augen an.

Lukullus war verwirrt, aber freundlich.

»Urgsala, wie schön, dass du hereinpolterst! Setz dich zu uns und greif zu, es ist genug für alle da!«

»Nein, nein, nein!«, rief die Hexe und stampfte mit dem Absatz ihres spitzen Stiefels auf. Sie war klein und schmächtig, trug einen weiten schwarzen Kapuzenmantel über einem verknitterten schwarzen Kleid und spitze schwarze Stiefel mit Schnallen. Die Stiefelspitzen waren lang und gedreht und verhedderten sich manchmal ineinander. Urgsalas Hexenhut hatte eine traurig herabhängende Spitze, was womöglich an den grässlichen Dünsten aus ihrem Hexenkessel lag, denen er ständig ausgesetzt war. Dafür bog sich Urgsalas Hexenkinn umso kräftiger in die Höhe und stieß beinahe mit ihrer langen krummen Nase zusammen.

Genauso grün im Gesicht wie die Schuppen am Körper des Drachen zeterte sie: »Ich kann besser kochen als du, ja, das kann ich! Ich fordere dich zu einem Duell heraus!«

»Ach so, ein Duell?«, rief Lukullus, vergaß seine Besorgnis, schlug begeistert die grünschuppigen Krallenhände zusammen und hüpfte von einem Bein auf das andere. Seine zierlichen Rückenflügel flatterten aufgeregt. Fliegen konnte er damit nicht, aber wozu auch? Beim Fliegen kann man schließlich nicht kochen. »Ich liebe Duelle! Und ich wünsche mir schon so lange eine ordentliche Hexensuppe mit Kürbis!«

»Einverstanden!«, tönte die Hexe und streckte einen langen dünnen Zeigefinger aus. »Und du bereitest *Spinnen* zu! Und alle hier Anwesenden müssen probieren, und wessen Kessel am Ende leer ist, der hat gewonnen! Die Zeit läuft!«

»Ja, schon, aber wohin?«, fragte der Drache ratlos.

»Schnickschnack, papperlapapp!« Die Hexe schnippte mit den Fingern. »Heute Abend um sechs Uhr wirst du dich schrecklich blamieren und ich triumphieren! Dann wirst du verrückt und ich entzückt!«

Hoch erhobenen Hauptes drehte sie sich auf den klickenden Absätzen um und stolzierte aus der Höhle.

Nach nebenan, denn da wohnte sie, und machte sich umgehend an die Arbeit.

»Igitt, Spinnen!«, rief Marco aus dem Dorf, und Sandra und Melli schüttelte es. Was Urgsala da verlangte, war schlicht ungenießbar!

»Wir essen keine Spinnen, nicht mal von dir, Lukullus!«, waren sich alle einig. Sie schienen drauf und dran, aus der Höhle zu stürmen, obwohl sie noch gar nichts gegessen hatten.

»Nichts da!« Lukullus schnaubte und vergaß, dass das bei einem Drachen anders war als bei Menschen. Es gab einige angesengte Haare, ein Tischtuch hatte Feuer gefangen, und das, was eigentlich ein flambiertes Eis im Teig werden sollte, war im Nu verkokelt.

Kein guter Anfang, so schien es! Aber auch kein Wunder. Wenn Lukullus nervös war, ging nämlich immer etwas schief. Das wusste jeder.

»Verzeihung … Verzeihung …«, schnatterte er und versuchte hektisch, die entflohenen Flämmchen zu erschlagen, wobei einige Becher und Tassen umfielen und das Tischtuch bekleckerten. Damit war es endgültig ruiniert.

»Nur die Ruhe, Lukullus!«, dröhnte die Stimme des Waldschrats durch die Höhle, als der Genießerdrache vollends drohte, aus der Fassung zu geraten.

Aber es kam noch schlimmer.

»Herrje!« Zutiefst erschrocken deutete Sebastian auf die sich gewaltig blähenden Nüstern.

Ein Niesanfall bahnte sich an, und jeder weiß, wie das bei einem Drachen endet.

»Oh weh, er darf nicht niesen!«

Ja, das Niesen. Damit hat es so seine Bewandtnis, wenn man mit einem Drachen zu tun hat.

Bei Menschen macht es einfach »Hap-tschiuuu«, und das war's dann. Nichts Weltbewegendes also. Es entsteht dabei nicht mal ein Lüftchen. Bei einem Drachen hingegen, da macht es »Hap-TSCHUMM!«, und dann bebt der Boden und die Felsbrocken fallen von der Decke und Kessel explodieren. Ganz zu schweigen von dem Geschirr, das durch die Gegend fliegt. Jede Menge wird dabei zerdeppert.

Wer das übersteht, findet es hinterher meistens ganz lustig, weil der Drache nämlich dabei auch noch den Großteil seiner Schuppen verliert und rosahäutig wie ein Schweinchen dasteht und vor lauter Verlegenheit auch so quiekt.

Jedenfalls, so ein Drachenniesen stellt an sich kein Problem für die ganzen Wesen aus dem Wald dar. Für Menschenkinder aber … das könnte doch gefährlich werden!

Also setzten Sandra, Melli, Marco und Sebastian alles daran, Lukullus am Niesen zu hindern, unterstützt von den Winterelfen, die mit kaltem Hauch seine Nüstern halbwegs einfroren. Mehrmals schien es schiefzugehen, immer wieder zog Lukullus die Luft ein.

»Ha … HAAAAA …« Und dann konnte das TSCHUMM doch gerade noch abgewendet werden.

Und währenddessen schmorte und schnurrte das ganze schöne Essen zusammen und war nicht mehr zu retten.

»Egal«, meinte der Genießerdrache und zog schniefend die Nase hoch, als es endlich vorbei war, »ich muss sowieso neu anfangen.« Seine Nervosität war verflogen, er war bereit, ans Werk zu gehen. »Was hat sie gesagt, sie will *Spinnen?*«

»Ja, und wir müssen das probieren«, antwortete Marco und zog ein Gesicht, als wäre er in den Nasenpopel eines Trolls getreten.

»Viel schlimmer.« Melli wirkte, als würde sie gleich genauso grün wie Urgsala werden, und ihre Stimme klang genauso krächzend. »Wir müssen es *aufessen …*«

Urgsala merkte erst, als sie vor ihrem Hexenkessel stand, was sie da getan hatte. Ein Kochduell! Wie konnte sie nur! Hatte sie gestern etwa zu viele Kichererbsen gefuttert?

Aber es half nichts, ein Rückzieher war ausgeschlossen.

Zwei Schlammverkleckste Schmutzkobolde, die nicht rechtzeitig geflohen waren, kettete sie kurzerhand am Tisch fest. »Ihr seid die Vorkoster!«, bestimmte sie.

Als Kochassistenten erkor sie den Verschlafenen Hollerbutz, der zwar nichts tat, als kopfunter von der Decke zu hängen, Holunderblüten und -beeren zu verschnabulieren und ab und zu mal »Gäääääähn« von sich zu geben, aber er war wenigstens da.

»Was wirst du kochen?«, fragte einer der Kobolde.

»Was Lukullus verlangt hat: Hexensuppe!«, verkündete die Hexe. »So richtig mit Kürbis, wie es sich gehört! Passend zu Halloween und allem. Und nebenbei haben wir noch eine tolle Dekoration!«

Ein Kürbis musste her, aber das war noch die leichteste Aufgabe. In Lukullus' Garten hinten, wo er den Kompost angelegt hatte, wuchsen jeden Herbst prächtige, große, gelborange Kürbisköpfe. Kurzerhand stahl … nein, *lieh* Urgsala sich den schönsten.

Der Genießerdrache würde das sowieso nicht merken, der musste ja Spinnen zubereiten.

»Hi, hi, hi«, kicherte Urgsala vor sich hin, stolz auf ihren spontanen Einfall. Zum Glück war Lukullus vor Überraschung nicht eine entsprechende Erwiderung eingefallen, sondern ausgerechnet das, was Urgsala am besten kochen konnte. Da ging nichts schief!

Sie höhlte den Kürbis aus, um das Fleisch für die Suppe zu benutzen, und dem Verschlafenen Hollerbutz trug sie auf, ein schauriges Gesicht hineinzuschnitzen, so ein ganz grusliges, grausiges, das sie dann von innen heraus mit einer Kerze beleuchten wollte.

Der Hollerbutz löste die Aufgabe, indem er einfach seinen Kopf in den Kürbis steckte und seine schaurigste Miene zeigte. Das war seine Spezialität. Hielt ungebetene Personen fern, denn der Verschlafene Hollerbutz war in Wirklichkeit ein ganz sanftes Geschöpf, das nur Holunder und seine Ruhe wollte.

»Aber so sieht man doch dein Gesicht gar nicht, der Kürbis ist schließlich nicht durchsichtig!«, beschwerte sich Urgsala und schüttelte den Kopf. Dann zuckte sie die Achseln, sie hatte Wichtigeres zu tun.

Also holte sie aus der Vorratskammer, was sie nur passend fand für die Hexensuppe: Den Gemeinen Oberstinkigen Knofel, Krötenschwänze und Fledermausflügel, Schnappfischgräten, Brechwurz, Nieskömmel, geschabte Trollwarzen, eingelegte Hühneraugen und noch vieles mehr. Perfekt sollte die Suppe werden, die beste überhaupt!

»Da kommt Lukullus niemals im Leben dagegen an!«, verkündete sie frohgemut und war unumstößlich siegessicher, als sie die grünen Gesichter der Schlammverkleckstenten Schmutzkobolde sah, die mitten im ersten Dunst der gemächlich vor sich hinköchelnden Suppe saßen.

»Perfekt, perfekt, perfekt.« Leise singend rührte sie im Hexenkessel und verzog verzückt die Lippen, wenn sie ab und zu kostete und nachwürzte.

Lukullus rannte in seiner Höhle auf und ab, und ein Teil seiner Gäste folgte ihm. Sie alle waren panisch. Es musste eine Lösung gefunden werden! Egal, was Lukullus kochte, sie würden alles aufessen müssen, damit die Hexe Urgsala nicht gewann. Aber Spinnen … also, die wollte nun *wirklich* keiner! Nicht lebend, nicht tot, nicht gesotten und nicht als Krustenbraten.

»Ich mag keine Insekten!«, plärrte ein Feldspringer und wurde von Sebastian mit hoch erhobenem Finger belehrt:

»Spinnen sind keine Insekten, sie haben nämlich acht Beine, nicht sechs!«

»Ich mag keine Achtbeiner!«, jammerte der Feldspringer daraufhin.

Der Genießerdrache wusste nicht ein noch aus, eine solche Herausforderung war ihm nie zuvor begegnet. So verging Stunde um Stunde, und sie hatten noch nicht einmal angefangen.

»Das wird nichts mehr!«, schluchzte Lukullus. »Ich gebe auf.«

»Nein, nein, nein!«, riefen alle Anwesenden im Chor. »Das darfst du nicht! Denk doch mal an uns!«

Aber Lukullus konnte gar nicht mehr denken, dicke Drachentränen quollen aus seinen großen Schilleraugen, und er schnäuzte geräuschvoll in seine Schürze.

Auf einmal rief Melli: »Ich hab's!« Sie hatte ihre kleine Schwester Viola dabei beobachtet, wie die sich gerade zwei rohe Makkaroni in die Nase steckte. Melli hatte schon immer ein tolles Vorstellungsvermögen gehabt, sie konnte auch gut alle möglichen Monster zeichnen, die andere ihr beschrieben.

Sie lief zu Lukullus, zog seinen Kopf am langen Ohr mit den hübschen Pinselchen an der Spitze zu sich herab und flüsterte hinein.

»Also …«, fing der Genießerdrache zuerst kritisch an, dann: »Hmmmm …«, und zum Schluss hellte sich sein Gesicht freudig auf: »Aber das könnte wirklich klappen!«

Tatkräftig schlug er die Krallenhände zusammen, band sich eine neue, saubere Schürze um, griff nach dem Kochlöffel und fing an herumzukommandieren, damit sie es noch rechtzeitig schafften.

»Los, Gruppen bilden! Immer zwei machen sich an die Arbeit und fertigen für jeweils vier Esser die richtige Menge an! Nur so kommen wir auf … ich weiß nicht, wie viele brauchen wir? 48? 96? Eine Million? Es müssen doch alle satt werden!«

»Ähem«, machte Marco. »Wäre es nicht besser, so wenig wie möglich zu machen?«

»Nichts da, der Kessel muss voll werden! Wenn schon Sieg, dann richtig! Melli, erklär ihnen, was wir machen! Ich hab zu tun.«

Und das tat Melli dann auch, und alle machten: »Oooohhhh …« und »Aaaaahhhh …« in Vorfreude, denn *diese* Spinnen würden sie alle mögen, das war ihnen sofort klar.

Lukullus räumte derweil Keller und Vorratskammer leer und brachte an: Spaghetti, nicht zu dick und nicht zu dünn und vor allem nicht zu lang, und Partywürstchen und Mini-Partywürstchen, die kugelig waren. Es würde natürlich auch mit normalen Wiener Würstchen funktionieren, aber so würde es eben echter aussehen. Und dazu Zahnstocher. Und während alle anderen die »Spinnen« vorbereiten sollten, wollte er noch dazu Tomatensoße aufsetzen, und Ketchup bereitstellen, und Käse reiben. Ganz nach Belieben, wie es jeder mochte, das Wichtigste waren die Spinnen.

»Also brauchen wir acht Spaghetti pro Spinne?«, fragte Marco und Sandra verpasste ihm eine Kopfnuss.

»Vier!«, korrigierte sie besserwisserisch.

Und zwar deshalb:

Ein Partywürstchen und eine Miniwürstchenkugel (oder eben ein größeres und ein kleineres Stück Wiener Würstchen) werden mit einem Zahnstocher zusammengesteckt. Damit haben wir den »Kopf« und den »Hinterleib« der Spinne.

Und dann wird, ganz vorsichtig, damit sie nicht bricht, eine rohe Nudelstange durch das größere Stück, also den »Hinterleib« hindurchgestochen, bis beide Enden etwa gleich lang sind. Zuerst diagonal von vorn nach hinten auf jeder Seite, und dann noch zwei quer hindurch. Und das ergibt acht Beine, und fertig ist die Spinne! – Nun ja, fast.

»Anschließend«, erklärte Lukullus eifrig mit dem Kochlöffel wedelnd, »legen wir alle vorsichtig in einen breiten Topf, der mit ausreichend sprudelnd kochendem, leicht gesalzenem Wasser gefüllt ist, und kochen die Nudeln *al dente!*«

»Damit sie noch einen leichten Biss haben!«, dozierte Sebastian weise nickend. »Dadurch sehen sie echter aus.«

»Deswegen dürfen auch die Würstchen nicht zu labbrig sein, sonst halten die das nicht aus«, fügte Melli hinzu.

Gesagt, getan. Die ersten Versuche gingen noch ziemlich daneben, dauernd brachen die Nudeln ab, oder jemand verschlang »aus Versehen« das Würstchen, bevor es auf den Spieß kam, doch schließlich war der Topf gut gefüllt.

Während sie auf das Garen warteten, tanzten und schunkelten Lukullus und seine fleißigen Helfer fröhlich durch die Höhle und sangen dazu, und nebenbei deckten sie den Tisch neu und bereiteten alles für den Schmaus vor. Auch an die Hexe Urgsala und ihre Helfer wurde gedacht.

Sobald die Kochzeit um war, nahmen die Geschicktesten die fertigen Nudel-Würstchen-Spinnen vorsichtig aus dem Wasser und richteten sie so auf die Teller, dass sie wirklich wie Spinnen aussahen.

Lukullus tupfte noch winzige Ketchup-Pünktchen auf den Kopf, dass sie wie Augen wirkten, und rieb ein wenig schwarzen Pfeffer über den Rücken, damit er warzig aussah.

Gerade noch rechtzeitig wurden sie mit allem fertig, da kam schon die Hexe Urgsala herein, gefolgt von zwei jammervoll dreinblickenden Schlammverkrusteten Schmutzkobolden – und einem merkwürdigen Geschöpf, das vom Körper her wie der Verschlafene Hollerbutz aussah, nur der Kopf stimmte nicht, das war nämlich ein Kürbis. Weil keine Löcher hineingebohrt waren, torkelte der Hollerbutz blind herum und tappte sprichwörtlich im Dunklen.

»Wo ist denn dein Kessel, Urgsala?«, wunderte sich Lukullus. »Und überhaupt, wie siehst du aus?«

Die Hexe wirkte total geknickt und zerknirscht, sie war ganz bleichgrün, wie eine vertrocknete Alge. »Der Boden vom Kessel ist durchgeglüht«, gestand sie mit leiser Stimme. »Ich brauche Wochen, um diese Sauerei aufzuputzen …«

»Die Suppe hat Löcher in den Boden gebrannt!«, rief einer der Kobolde.

»Möchte nicht wissen, was in unseren Mägen passiert wäre …«, der andere.

»Ich koche halt gern scharf! – Und deine Spinnen?«, fragte Urgsala den Drachen mit leiser Hoffnung. »Das konnte dir doch nicht gelingen, oder?«

»Oh, aber und ob! Du wirst staunen!«

»Dann … dann hast du also gewonnen …«

»Das haben wir alle! Ohne dich hätten wir niemals diese Köstlichkeit erfunden! Wir sollten uns überhaupt öfter zusammentun, finde ich.« Lukullus packte die niedergeschlagene Hexe am Arm und zog sie mit sich. »Vergessen wir doch das dumme Duell, setz dich und iss mit uns, es ist genug für alle da!«

Und das taten sie dann auch.

Und ich will es nicht beschwören, aber ich glaube, Urgsala hat zwischendrin sogar mal ein bisschen gelächelt. Das Essen war aber auch wirklich gut.

Charly

Charly sitzt vor der Haustür und wartet. Auf Lisa. Jeden Tag, seit er als kleiner Welpe zu den Hembergers gekommen ist.

Klaus Hemberger, Lisas Vater, hat Charly auf einem Autobahn-Parkplatz gefunden, angebunden neben einer Mülltonne. Was aus dem halb verhungerten und verängstigten kleinen Hund werden würde, konnte man damals noch nicht sehen. Er schien vor allem aus verfilztem Struwwelfell und riesigen Pfoten zu bestehen. Und einer zuckenden schwarzen Knopfnase und zwei traurigen braunen Augen.

»Wir müssen sehen, wie er sich entwickelt«, hat der Tierarzt damals gesagt. »Der Kleine kam zu früh von der Mutter weg und ist völlig unterernährt. Aber ich werde alles versuchen, das verspreche ich.«

»Er ist ein Kämpfer«, ist Lisa überzeugt gewesen. Sie liebt alle Tiere, liest viel und schaut sich gern Tierseiten im Internet an, auf ihrem Tablet.

»Wenn er weiß, wie gut wir zu ihm sind, wird er es schaffen, ich bin ganz sicher.« Und sie hat Charly liebevoll auf den Arm genommen, den schmutzigen, ängstlichen kleinen Charly, der bis jetzt noch nicht einmal seinen Namen kennt.

Doch er ist schon als Winzling nicht dumm und begreift schnell, wem er sein Vertrauen schenken kann. Er hat sich gleich an Lisa geschmiegt und leise »Wiff« gesagt. Und dann ist noch ein deutlich lauteres Geräusch dazu gekommen, ein kräftiges Knurren, aber nicht aus Charlys Kehle, und keineswegs böse. Sondern sehr hungrig!

Lisa hat laut gelacht. »Du kriegst bald was zu fressen, Charly! Ab jetzt musst du nie mehr Hunger leiden.«

Seit diesem Tag sind Lisa und Charly die besten Freunde. Er weicht niemals von ihrer Seite und freut sich auf jeden Spaziergang, wenn er mit seiner menschlichen Freundin zusammen hinaus darf.

Nach acht Monaten hat Charly sich zu einem prächtigen Junghund entwickelt, findet Lisa. Ihre Tante Ulrike ist allerdings anderer Meinung: »Der ist ja schon wieder gewachsen«, stellt sie pikiert fest und versucht Charly, der interessiert an ihrer Tasche schnüffelt, wegzuschieben. Das ist nicht so einfach, denn Charly wiegt schon mehr als Lisa. »Was wird das nur für ein Hund?«

»Ich glaube, es ist ein Labrador drin«, antwortet Lisa. »Oder vielleicht ein Golden Retriever, weil sein Fell so schön lang und hell ist. Möglicherweise auch eine Dogge, weil er schon so groß ist.«

»Schrecklich! Ihr müsst mit ihm unbedingt eine Hundeschule besuchen, sonst fällt er noch Menschen an!« Tante Ulrike hat Angst vor Hunden. Sie mag Tiere überhaupt nicht besonders, vielleicht, weil sie als Kind nie welche hatte.

»Charly ist lammfromm!«, verteidigt Lisa ihren Freund. Charly setzt sich hin, wedelt leicht mit dem Schwanz und hebt eine Pfote. »Siehst du?«

Doch Tante Ulrike lässt sich nicht umstimmen, und Charly gibt es auf. Er weiß, dass nicht alle Menschen gleich sind. Wenn jemand ihn nicht mag, drängt er sich ihm bestimmt nicht auf.

Das Wichtigste auf der Welt ist sowieso Lisa, und mit ihr wird er immer zusammen sein.

Am liebsten würde Charly in die Schule mitgehen, aber das erlaubt Lisas Mutter nicht. Jeden Morgen gibt es einen Kampf, weil Charly mit allen Tricks versucht, aus dem Haus zu witschen und Lisa nachzulaufen. Bisher hat Lisas Mutter immer gewonnen. Charly versteht das allerdings nicht, denn er findet, dass kein junges Wesen, ob Mensch oder Tier, unbeaufsichtigt in die Wildnis hinaus sollte. Von Natur aus weiß er, wie gefährlich es außerhalb des eigenen Reviers sein kann, und er will Lisa beschützen. Er ist zwar noch jung, aber inzwischen voll ausgewachsen und kräftig. Und er weiß, was er zu tun hat, als bester Freund des Menschen: Das Revier und seine Familie zu verteidigen.

Wenn er das Lisas Mutter nur begreiflich machen könnte! Aber Menschen verstehen die Hundesprache einfach nicht, da kann Charly sich anstrengen, wie er will. Sie hören nur »Wuff!« und »Wau!« und denken sich nichts weiter, dabei ist es viel mehr, was ein Hund zu sagen hat!

Also muss Charly nachgeben und warten, bis Lisa von der Schule kommt. Obwohl er zwischendurch ein Nickerchen hält, kommt es ihm ewig vor, bis es endlich soweit ist, den Platz einzunehmen. Charly weiß die Zeit, wann Lisa heimkommt, das verpasst er nie. Pünktlich sitzt er vor der Haustür und wartet. Lauscht auf die Geräusche draußen, die er mit seinem feinen Gehör viel besser mitbekommt als jeder Mensch.

Wenn Lisa um die Ecke in die Straße einbiegt, wedelt Charly mit dem Schwanz.

Wenn sie bei Nachbar Becker vorbeigeht, dessen Schäferhund immer kläffend zum Zaun rennt, obwohl er es besser wissen müsste - Charly findet den Schäferhund ziemlich unterbelichtet, aber das liegt eben daran, dass sich kaum einer um ihn kümmert und er sich ziemlich langweilt -, steht Charly auf, und das Wedeln wird stärker. Er hechelt und winselt, wenn Lisa die drei Stufen heraufkommt.

Und dann ist er kaum mehr zu halten, wenn sie den Schlüssel ins Schloss steckt und endlich die Tür öffnet.

Es ist jedes Mal wie ein Ritual, die stürmische Begrüßung. Wedeln, Schlabbern, leises Jaulen, Nasestupsen. Dazu Lisas lachendes Gesicht, ihr wippender Pferdeschwanz, und ihre Freude, Charly zu sehen. Immer umarmt sie ihn, schmiegt ihr Gesicht kurz an ihn, bevor sie in die Küche zur Mutter stürmt, mit der üblichen Frage: »Was gibt's zu essen?«, und dann erst die Begrüßung: »Hallo, Mama!«

Doch heute nicht. Charlys glückliche Begrüßung verhallt ohne Erwiderung. Lisa sieht ihn nicht einmal an. Sie geht einfach an ihm vorbei, direkt nach oben auf ihr Zimmer.

Charly steht verdutzt da. Hab ich was falsch gemacht?, fragt er sich. Sein Schwanz sinkt nach unten, ebenso seine Ohren.

Geknickt trottet er Lisa nach, findet sie an ihrem Arbeitstisch, die Schulsachen um sich verstreut, das Gesicht in den Händen vergraben.

Charly setzt sich neben sie, stupst sie behutsam mit der Schnauze an, winselt leise. Als Lisa nicht reagiert, legt er eine Pfote auf ihren Schenkel.

Doch sie bewegt sich nicht einmal. Unglücklich drängt Charly seinen großen Kopf zwischen Lisa und Tisch, legt ihn auf ihren Schoß und guckt mit traurigen braunen Hundeaugen zu ihr hoch. Jetzt kann er wenigstens ihr Gesicht sehen.

Sie … weint!

Charly seufzt und winselt. Was ist los, Lisa?, will er fragen. Wie kann ich dir helfen? Was ist passiert?

Er hebt den Kopf, als er Lisas Mutter kommen hört. Er will zuerst aufgeregt zu ihr laufen, um ihr zu zeigen, dass mit Lisa etwas nicht stimmt. Aber dann bleibt er bei Lisa. Er weiß, dass Lisas Mutter sehr klug ist. Sie merkt schnell, wenn etwas los ist, und stellt die richtigen Fragen.

»Habe ich doch richtig gehört!« Die Mutter steht im Türrahmen. »Lisa, ist alles in Ordnung?«

»M-hm.« Lisa nickt, ohne den Kopf zu heben. Charly steht zwischen ihr und der Mutter, dreht den Kopf hin und her, wedelt leicht.

»Warum kommst du dann nicht nach unten zum Essen?«

»Hab keinen Hunger.«

»Hast du Bauchweh? Bist du krank? «

»Nein!«

Lisas Antwort ist unerwartet heftig, und Charly zuckt zusammen. Er fängt an zu hecheln. Seine Augen zeigen Angst. Nach allem, was er als Welpe durchgemacht hat, ist er stets besorgt, wenn es einmal Unstimmigkeiten oder sogar Streit gibt. Vielleicht jagen sie ihn dann fort, so wie die anderen, denkt er mit Hundeverstand, weil er nicht alles richtig gemacht hat oder einer zu viel im Rudel ist.

Lisa hebt den Kopf. »Entschuldige, Mama, ich bin nur gestresst. So viele Hausaufgaben … da ist mir der Appetit vergangen.«

Lisas Mutter kommt besorgt näher. »Wie siehst du denn aus, Kind?« Mit sanften Fingern fährt sie durch Lisas wirres Haar. Stimmt, fällt Charly auf, gar kein Pferdeschwanz, und dieses Durcheinander – normalerweise kämmt Lisa ihr Haar sehr sorgfältig! Es ist schön blond und glänzend, so wie Charlys Fell, das sie ebenso gründlich pflegt.

»Ach, nichts weiter.« Lisa presst die Lippen aufeinander. »Bin auch noch hingefallen, richtig blöd. Und dabei hab ich … mein Geld verloren. Die Börse hat sich geöffnet, alles rausgekullert, in den Gully …« Sie fängt wieder an zu weinen.

»Ich verstehe.« Ihre Mutter nimmt Lisa in die Arme. »Das ist nicht so schlimm, Lisa, ich ersetze es dir. So was passiert eben mal, auch Erwachsenen, dass man ungeschickt ist. Vergiss es einfach und komm mit runter an den Tisch. Vielleicht kriegst du ja doch noch Hunger, wenn du siehst, dass ich Schinkennudeln gemacht habe!«

Da leuchten Lisas Augen plötzlich auf, und sie vergisst ihre Tränen. »Schinkennudeln?«

Sie kann schon wieder lächeln, erkennt der treue Charly und freut sich.

Dennoch – als er den beiden Menschen die Treppe hinunter in die Küche folgt, verfällt Charly noch einmal ins Grübeln. Seine sensiblen Sinne haben sofort gespürt, dass Lisa gelogen hat, als sie ihrer Mutter von dem Vorfall erzählte.

Was ist ihr wirklich zugestoßen?

Am nächsten Tag sitzt Charly pünktlich vor der Tür. Aber Lisa kommt nicht zur gewohnten Zeit, sondern fast eine halbe Stunde später. Da ist Charly schon in heller Aufregung, dreimal zwischen Küche und Haustür hin- und hergelaufen und voller Hektik. Auch Lisas Mutter schaut auf die Uhr. »Charly, mach mich nicht noch nervöser!«, ruft sie.

»Wau! Wuuu-wuff!« Ich kann nichts dafür!, bellt Charly. Da stimmt was nicht, ich weiß es!

»Ist ja gut, beruhige dich, Junge.« Lisas Mutter streichelt seinen Kopf. »Bist ein Braver. Denkst du noch manchmal an deine Welpenzeit? Es tut mir leid, was dir passiert ist. Ich kann solche Menschen einfach nicht verstehen. Aber andererseits wärst du sonst nie zu uns gekommen, und darüber bin ich froh!«

Charly leckt ihre Hand, aber kurz und unruhig, er muss wieder zur Tür laufen und lauschen, ob Lisa endlich kommt.

Da ist sie! Charly überschlägt sich fast. Lisa ist völlig außer Atem, und sie hat nur ein kurzes Streicheln übrig. »Entschuldige!«, ruft sie ihrer Mutter zu. »Aber ich hatte noch eine Besprechung wegen des Volleyballtrainings! Wenn du mir ein Handy …«

»Schon gut, Lisa, auch wenn der Moment günstig erscheint: Du hast ein Tablet, es gibt kein Handy, wir bleiben bei unserem Nein«, unterbricht die Mutter.

»Aber alle anderen haben eins«, mault Lisa. »Sie machen sich über mich lustig! Sie sagen, ich bin total rückständig.«

»Dafür hast du einen tollen Hund, oder?« Die Mutter lehnt mit verschränkten Armen am Türrahmen. »Wenn dir ein affiges, totes Handy lieber ist als ein lebendiger Charly …«

»Nein, nein«, beeilt sich Lisa zu versichern. »Charly ist viel wichtiger!«

Die Mutter lächelt. »Jetzt verschnauf erst mal, ich muss das Essen sowieso aufwärmen. Dann kannst du mir alles erzählen.«

Charly macht ein besorgtes Gesicht, was seine Menschen oftmals zum Lachen bringt, weil er dann so drollige Falten hat. Sie missverstehen seine Sorge.

Lisa hat schon wieder gelogen. Und er riecht ihre Angst, sie schwitzt nicht nur vom Laufen. Charlys Nase kann man nicht täuschen. Was ist da nur los?

Die nächsten beiden Tage hat Charly keine Zeit, sich Sorgen zu machen. Es ist Wochenende, da kann man lange ausschlafen, und Lisa ist die ganze Zeit da und hat Zeit zum Spazierengehen und Spielen. Wochenenden findet Charly am tollsten, am liebsten hätte er alle seine Menschen immer um sich. Da wird er besonders verwöhnt, bekommt haufenweise Streicheleinheiten und auch mal ein normalerweise verbotenes Leckerli.

Lisa ist wie ausgewechselt, fröhlich und ausgelassen. Keine düsteren Wolken mehr am Himmel! Charly ist glücklich und vergisst die letzte Woche.

Doch am Montag kommt Lisa wieder zu spät. Charly ist ganz allein zu Hause, Lisas Mutter arbeitet montags und dienstags in der Boutique. Er kann mit niemandem seine Sorge teilen, rennt durchs ganze Haus, Treppe rauf, Treppe runter, heult vor Kummer.

Als Lisa endlich kommt, erkennt Charly sie fast nicht wieder. Sie weint, ihre Kleidung ist schmutzig und zerrissen, ihre Haare sind zerzaust, und sie hat einen Kratzer an der Wange. Ohne Charly zu beachten, rennt sie nach oben ins Bad, wäscht sich und zieht sich um. Als die Eltern gegen fünf Uhr nach Hause kommen, sieht sie schon wieder recht manierlich aus. Aber auch dem Vater fällt sofort auf, dass etwas nicht stimmt. »Ist etwas passiert, Lisa?«

Lisa versichert, dass alles in Ordnung sei. Charly könnte heulen vor Wut. Warum sagt Lisa nicht, was los ist? Er hat Angst um sie. Er spürt ganz deutlich, dass seine beste Freundin in Gefahr ist. Irgend etwas lauert auf sie, zwischen Schule und Zuhause.

Doch die Eltern können Fragen stellen, so viel sie wollen. Lisa schweigt hartnäckig. Sie verzieht sich auf ihr Zimmer und will nicht mal Charly sehen, vergisst sogar, mit ihm Gassi zu gehen. Lisas Eltern übernehmen es, und Charly hört mit, dass sie sich Sorgen um Lisa machen.

»Am Mittwoch werde ich in die Schule fahren und mit der Klassenlehrerin sprechen«, sagt Lisas Mutter. »Vielleicht wird Lisa mehr als nur gehänselt, weil wir ihr kein Handy erlauben.«

»Wauui!« Charly stimmt zu: da muss etwas unternommen werden.

Lisas Mutter streichelt seinen Kopf. »Weißt du, manchmal glaube ich, dass Charly jedes unserer Worte versteht. Es kommt mir so vor, als würde er am liebsten selbst alles in die Pfote nehmen.«

»Wuff!« Worauf du dich verlassen kannst!, antwortet Charly.

Am Dienstag ist Charly ebenfalls allein, und als Lisa wieder nicht pünktlich kommt, wird es ihm zu viel. Er kann nicht warten, bis Lisas Eltern etwas unternehmen, er muss jetzt gleich handeln! Wer weiß, in welcher Gefahr Lisa schwebt! Verzweifelt rennt Charly durchs ganze Haus, um einen Weg nach draußen zu finden. Türen zu öffnen hat er überhaupt kein Problem, einfach aufstellen wie ein Mensch und die Klinke runterdrücken. Aber die Türen sind verriegelt. Mist!

Ha, das Schlafzimmerfenster von Lisas Eltern steht sperrangelweit offen, wahrscheinlich um den Frühling hereinzulassen!

Charly stellt sich aufs Fensterbrett und schaut nach unten. Hui, da geht es ganz schön runter. Aber wenn er versucht, auf den Rosenzaun zu springen und von da hinunter … Er denkt nicht lange nach, Lisa ist in Gefahr, nur das zählt. Charly springt und plumpst etwas ungeschickt, aber unverletzt ins Tulpenbeet, das gerade frisch erblüht ist. Vielmehr, war, denn jetzt ist es eine komplett zerdätschte Fläche. Oweh, das gibt bestimmt Mecker! Egal, Lisa ist wichtiger.

Charly saust die Straße entlang Richtung Schule. Er hat Lisas Weg so oft mit den Ohren verfolgt, dass er weiß, wohin er laufen muss. Beckers Schäferhund bekommt einen hysterischen Anfall, weil Charly allein und frei draußen herumläuft, und kläfft sich die Seele aus dem Leib.

Aber Charly lässt sich nicht beirren. Er biegt um die Ecke, seine Ohren richten sich nach vorn, denn er hört Lisas Stimme, aus dem Park, Charlys Lieblingsplatz.

Und dazu hört er fremde Stimmen. Charly, der ursprünglich zu seinem Frauchen stürmen wollte, verharrt, duckt sich und schleicht sich vorsichtig um die Ecke, hinter einen Busch. Da sieht er Lisa, umringt von drei Burschen, die viel größer und stärker sind als sie. Sie schubsen sie! Charly kann Lisas Angst bis hierher riechen.

»Also, was ist jetzt?«, sagt einer der Jungs, er plustert sich auf wie ein Anführer. Charlys Lefzen ziehen sich nach unten, und ein Grollen will aus seiner Kehle.

»Ich hab nichts mehr!«, ruft Lisa mit zitternder Stimme. »Bitte, lasst mich doch endlich in Ruhe, ich kann euch kein Geld mehr geben!«

»Dann musst es dir eben von deinen Alten holen, irgendwo werden sie schon was versteckt haben!«, meint ein anderer Lümmel und schubst Lisa erneut. Der dritte im Bunde grinst hämisch.

»Ich stehle nicht«, erklärt Lisa tapfer und weicht gerade noch aus, als der Anführer ihr eine Ohrfeige verpassen will. Sein Kumpan packt Lisas Schopf und zerrt daran, bis sie in Tränen ausbricht. »Au, lass mich los! Ihr seid verdammt feige, drei gegen einen!«

»Und du bist ne Heulsuse, Loser!«, sagt der Anführer und will Lisa am Arm packen.

Das reicht Charly. Jetzt kann er sein Knurren nicht mehr zurückhalten. Tief grollt es aus ihm heraus.

Die drei verharren. »Was war das?«, fragt einer verunsichert.

Da springt Charly schon aus seiner Deckung und rennt auf die drei Jungen zu. Mit gesträubtem Fell, blitzenden Augen und weit geöffnetem Maul, das seine großen Zähne zeigt. Dazu knurrt und bellt er. »Grrrwuuuff!« Haut ab! Verschwindet! Lasst meine Lisa in Ruhe!

Die drei sehen den riesigen Hund im Galopp auf sich zukommen und geben Fersengeld. Schreiend rennen sie durch den Park, und Charly folgt ihnen. Er könnte sie mühelos überholen, aber so macht es mehr Spaß.

Als er den Anführer fast erreicht hat, schnappt er mit hörbarem Zähneklicken zu, aber natürlich nur in die Luft, verletzen will er niemanden. Der Maulheld fängt fast an zu flennen, mit seinen wild rudernden Armen und seinem keuchenden Atem gibt er gar kein lässiges Bild mehr ab. Sein Kumpel heult bereits!

Zufrieden lässt Charly kurz vor Ende des Parks von ihnen ab und kehrt im schwungvollen Trab schwanzwedelnd zu Lisa zurück, schmiegt sich an sie und leckt ihre Hände. »Wau!« Wenn du gleich mit mir geredet hättest, wäre das nicht passiert!

Überglücklich kehren die beiden nach Hause zurück, und Lisa erzählt ihren Eltern endlich alles. Charly wird das Tulpen-Desaster umgehend verziehen und ein dickes Lob in Form eines mächtigen Kauknochens erteilt.

Die drei Jungs sind schon bekannt in der Schule, dass sie öfter kleinere und jüngere Schüler um Geld erpressen und verprügeln. Sie erhalten einen dicken Verweis und drei Tage Schulverbot; das nächste Mal, verspricht der Direktor, fliegen sie in hohem Bogen raus.

Lisa braucht sich von nun an keine Sorgen mehr zu machen. Ihre Eltern haben eingesehen, dass Charly der beste Schutz für sie ist, und von da an darf er sie in der Früh zur Schule begleiten, und er holt sie mittags auch ganz selbstständig wieder ab. Als kluger Hund lernt er das schnell, der Weg ist auch nicht weit. Außerdem gefällt es ihm, der Star der Schule zu sein und jede Menge Streicheleinheiten zu bekommen!

Bonus 1

Schach und Vanillekipferl

Ein PERRY-RHODAN-Weihnachtsspiel

ERZÄHLER
Perry Rhodan steht vor dem großen Panorama-Fenster und blickt still nach draußen. Der Mond spiegelt sich silbern im dunkel dahintreibenden Wasser des Goshun-Sees. Es ist wie ein Gemälde, völlig bewegungslos, eingefroren in der Zeit.

Der mächtigste Mann der Menschheit ist ganz allein. Niemand kann ihn anrufen. Er ist auf keinem Weg erreichbar.

Nicht an diesem Abend.

Plötzlich glüht ein Licht am sternglitzernden Himmel auf, taucht durch frostige Nebelfetzen hindurch und kommt rasch näher.

Perry Rhodan dimmt das Wohnzimmerlicht, entzündet die Kerzen, legt Holzscheite im Kamin nach, und schenkt 24 Jahre im Portweinfass gereiften Scotch Single Malt in zwei Gläser.

Er rückt das Schachbrett gerade, kontrolliert den ordentlichen Stand der Figuren und nimmt dann auf der Seite der weißen Figuren in einem bequemen Sessel Platz.

Kurz darauf glitzert die Luft über dem Sessel ihm gegenüber. Dann wird ein ziemlich korpulenter Mann in rotem Gewand und schwarzen Stiefeln sichtbar. Sein weißes Haar ist lang, das Haupt von einer Mischung aus Mütze und Mitra bedeckt. Sein weißer Bart wallt in Locken über seine Brust. Er lächelt gütig, in den Augenwinkeln sitzen verschmitzte Falten.

SANTA
(*unkonventionell*)
Hallo, alter Freund!

PERRY RHODAN
(*förmlich*)
Ich grüße dich ebenfalls, *alter* Freund. Gut siehst du aus.

SANTA
(*mustert ihn, hebt eine Braue*)
Was man von dir nicht behaupten kann.
Mager, blass, Ringe unter den Augen. Aber das ist ja nichts Neues.

PERRY RHODAN
(*greift nach dem Whisky*)
Wollen wir beginnen?

SANTA
Aber gern!
(packt das Glas, betrachtet strahlend die goldbraune Flüssigkeit darin, schnuppert andächtig)
Auf uns und diesen besonderen Abend!

(*Sie prosten sich zu und trinken. Santa kippt seinen Dreifachen zügig auf Ex, Rhodan macht es ihm nach kurzem Zögern gleich. Ein Servo summt heran und gießt nach.*)

SANTA
(*beugt sich vor und betrachtet stirnrunzelnd das Schachspiel*)
Schon wieder Weiß für dich?

PERRY RHODAN
(*lächelt hintergründig*)
Gewiss. Wenn ich verliere, bekommst du nächstes Mal Weiß.

SANTA (*leicht misstrauisch*)
Und das sind wirklich die Regeln?

PERRY RHODAN
So haben wir es vereinbart.

SANTA
(*kratzt sich grübelnd am Kopf; er kann sich offensichtlich nicht daran erinnern*)
Also gut.

(*Rhodan zieht seinen weißen Bauer. Eine Weile spielen sie schweigend.*)

ERZÄHLER
Es ist sehr still, gelegentlich knistert ein Holzscheit, der Servo gießt Whisky nach.

Die Kerzen brennen mit ruhiger Flamme.

Eine Uhr tickt irgendwo, was eigentlich unmöglich ist. Aber nicht an diesem Abend.

Rhodan ist stets gleichbleibend entspannt, mit neutraler Miene, ganz so, als wäre er nur Beobachter.

Santas buschige Augenbrauen ziehen sich zusehends zusammen, seine Stirn legt sich in grüblerische Sorgenfalten, und er brummt zwischendurch leise »hmmhmm«. Er wirkt ziemlich unzufrieden und ratlos, spielt aber unverdrossen weiter, obwohl er bald seinen ersten Springer und kurz darauf die Dame verliert. Schon macht sich ein schwarzer Bauer auf den Weg, diesen Makel auszugleichen.

Schließlich verliert Santa die Geduld, das Ganze wird ihm zu ernst und langweilig. Seine Miene hellt sich auf, seine blauen Äuglein blitzen aus dem Wangenspeck hervor.

SANTA
(*fröhlich*)
Weißt du noch, als ...

PERRY RHODAN
(*unterbricht kühl*)
Ja.

SANTA
(*verdutzt, aber unverdrossen*)
Aber hättest du vor dem Start deiner Mondrakete je *geglaubt*, eine Außerirdische zu heiraten? Ach was, gleich mehrere?

PERRY RHODAN
(*weiterhin auf das Spiel konzentriert und einsilbig*)
Nein.

SANTA
Was hat dich eigentlich an die Große Leere getrieben?

PERRY RHODAN
Ein Pilzwitz.

SANTA
Den hofftest du dort zu finden?

PERRY RHODAN
Ich hoffte ihm dort zu entgehen.

SANTA
(*nickt weise*)
In einer Großen Leere kann man so manches verlieren.

PERRY RHODAN
Keine Philosophie heute, Saint.

(*Er zieht. Santa ist ein wenig hin- und hergerissen, setzt zu einem halbherzigen Zug an, überlegt es sich dann anders und versucht eine neue Strategie.*)

SANTA
Hab ich dich beleidigt?

PERRY RHODAN
(*ohne aufzusehen*)
Warum?

SANTA
Du hast Saint zu mir gesagt.

PERRY RHODAN
Soll ich Niki sagen?

SANTA
(*abwehrend*)
Nee. Dafür bin ich zu alt.

PERRY RHODAN
Claus?

SANTA (*entsetzt*)
Um Himmels Willen, nein!

(*Rhodan ist sichtlich gelangweilt ob des Spiels und der unsinnigen Konversation*)

PERRY RHODAN
Wie dann?

SANTA
Santa klingt doch nett.

PERRY RHODAN
Ich kann keinen Unterschied zu Saint erkennen.

SANTA
(*leicht verärgert*)
Ach, nenn mich doch, wie du willst.

PERRY RHODAN
(*milde erstaunt*)
Das habe ich getan.

(*Und wieder ein Zug, der Santa in Bedrängnis bringt. Aber er kann sich gerade noch herauswinden, den Angriff abwenden und präsentiert triumphierend*)

SANTA
Schach!

PERRY RHODAN
(*nickt anerkennend*)
Guter Zug.

ERZÄHLER
Rhodan fängt an zu grübeln.
Das Kaminholz knistert leise.
Draußen ist alles still, und der Goshunsee glitzert silbern im Mondlicht.
Es gibt keine Störung.
Santa lässt sich derweil zum vierten Mal nachschenken. Seine Wangen sind rosig, seine Nasenspitze ebenfalls, und ein verklärter Blick liegt in seinen Augen. Der Whisky ist offensichtlich phänomenal. Santa wird vertrauens- und allmählich rührselig.

SANTA
Weißt du, was mir fehlt? Ich meine, so richtig?

PERRY RHODAN
(*wie zuvor einsilbig und nicht wirklich interessiert*)
Nein.

SANTA
Kinder.

PERRY RHODAN
(*achselzuckend*)
Nun ja, wenn man keine Frau hat …

SANTA
(*entrüstet*)
Wer sagt, dass ich keine Frau habe?

PERRY RHODAN
(*blickt verwirrt auf*)
Aber … ich dachte immer …

SANTA
(*braust auf*)
Also, das ist doch die Höhe!
Natürlich habe ich eine Frau, und das schon seit … na, warte …
(*winkt hüstelnd ab*)

ist ja auch egal.
(*Macht eine kurze Pause, beruhigt sich wieder und kehrt zum Thema zurück.*)
Jedenfalls ging die Karriere immer vor.
Und da waren so viele Kinder, um die ich mich kümmern musste.
Heute sind wir beide alt, und es ist zu spät.

PERRY RHODAN
(*leise, den Blick auf das Schach geheftet*)
Sei froh.
Kinder ... machen nur Kummer, wenn man zu lange lebt. Wenn man unsterblich ist.
Bindungen sind nicht gut. Du musst immer beim Sterben zusehen.

(*Santa lässt sich zum fünften Mal nachschenken, Rhodan zum dritten.*)

SANTA
Das ist eine sehr traurige Einstellung.

PERRY RHODAN
(*ruhig*)
Es passt einfach nicht zusammen, Santa. Ich bin unsterblich, aber ich bin trotzdem noch ein Mensch. Für mich hat jeder Tag lange vierundzwanzig Stunden und ein Jahr lange dreihundertfünfundsechzig Tage. Mein kurzlebiges Verhältnis zur Zeit hat sich nicht verändert.

SANTA
Unsterblich, und doch hast du keine Zeit zum Verweilen?

PERRY RHODAN
Absurd, nicht wahr?

SANTA
Da wir gerade dabei sind: Möchtest du meinen Job?

PERRY RHODAN
Nein.

SANTA
(*redet sich in Fluss, deutlich angeschickert*)
Er ist gar nicht so schlecht, vor allem heutzutage.

Es waren eigentlich insgesamt nur vier Tage im Jahr, wo ich tierisch ran musste. Den Rest des Jahres konnte ich mir prima einteilen, denn ich hatte immer gute Assistenten.

Zwischendurch mache ich Stichproben, ob alles gut läuft in der Fabrik, entlasse den einen oder anderen, setze einen jungen Karrieregeilen ein, denn neue Besen kehren gut, und alles klappt wie geschmiert. Das nennt man delegieren, oder auch Out-Sourcing. Oder so.

Na ja, es gibt auch nicht mehr so viele Aufträge.

PERRY RHODAN
Klingt nach geregelter Arbeitszeit. Wie aufregend. Und wieso hattest du dann nie Zeit für Kinder? Zu viel Golf oder Urlaub in der Südsee?

SANTA
(*nun einsilbig, an der Stufe zum Weinerlichen*)
Nein.

PERRY RHODAN
(*lässt jetzt nicht locker*)
Was dann?

SANTA
(*trötet in ein großes Taschentuch und spült mit dem nächsten Whisky nach*)
Es ist … ach, vergiss es. Ich wollte dich nur aufmuntern.

PERRY RHODAN
Eine seltsame Methode.

SANTA
Ja, glaubst du denn, du bist der Einzige mit Problemen?

Hältst du deine Probleme etwa für einzigartig?

Sieh mich an: Was denkst du, woher dieses Übergewicht stammt?

Als sie mir den Job anhängten, war ich schön wie Michelangelos David.

(*beugt sich vor*)

Im Vertrauen: Ich *bin* David, ich meine, das Modell.

(*deutet vielsagend mit dem Daumen nach oben*)

Michelangelo hatte gute Beziehungen.

PERRY RHODAN

(*selbst nicht mehr nüchtern*)

Du bist betrunken, David.

SANTA

(*beteuert in trunkener Weinerlichkeit*)

Aber es is wahr, isses! Deswechen gabense mir den Job, weil ich bei den Menschen gut ankam, und weil ich gut mit Kindern umgehn konntete.

Und einige Jahrhunderte lang war auch echt alles supper, ich beschuchte die Kinder und jagte ihnen einen ordentlichen Schrecken ein, bevor ich sie glücklich machte. Tschuckerbrot und Peitsche, verschtehste? Damitse wissn, was nen anschtändichen Menschen ausmacht.

(*schneuzt sich erneut und fährt andächtig und langsam, wieder deutlich fort*)

Und diese rosigen Wangen, wenn ich all die Zimtsterne und Vanillekipferl auspackte, und die Marzipankartoffeln, und Lebkuchen, Nüsse, Äpfel und Orangen ... mal ein kleines Stofftier oder eine Zinnfigur ... wie artig sie sich bedankten!

(*redet sich zusehends in Rage*)

Und dann ... machten diese Auswanderer in diese schnöde neue Welt alles kaputt, hauten die Kultur in Stücke und veranstalteten jährlich einen billigen Jahrmarkt. Ich hatte plötzlich zwei Termine auf zwei verschiedenen Kontinenten, und brauchte einen Schlitten mit Rentieren und einen Verkleinerungszauber, damit ich all die Scheiß-Pakete den Scheiß-Kamin runterbrachte ... den *Kamin*! Man stelle sich vor!

Ich brauchte schon einen eigenen Schlitten im Schlepptau, weil ich mich jedes Mal danach duschen und umziehen musste! Und wie oft das Feuer noch brannte!

Was ich an Verbandszeug und Sprühpflaster brauchte, ich kann dir sagen, und diese Scheiß-Schlote wurden immer enger ... ja, das war der Anfang vom Ende.

Ich wurde missbraucht und ausgenutzt, und ich ruinierte meine Gesundheit, weil der Scheiß-Verkleinerungszauber das Scheiß-Gewicht nicht verringerte, und diese gierigen, unerzogenen, frechen, vorlauten Gören verlangten immer noch mehr und wurden von Jahr zu Jahr unverschämter, spielten Streiche mit mir, machten sich über mich lustig, und ich wurde nachgeahmt und nachgeäfft, alles verkam zur Farce.

Dieses eine Rentier mit Schnupfen ... kannst du dir was Blöderes vorstellen? Wieso sollte ich ein schwaches, krankes Tier einspannen, wenn ich den ganzen Stall voller kräftiger, junger Bullen habe?

Was glaubst du, wie schnell die Tierschutzliga mein Haus stürmen und mir die Erlaubnis zur Zucht und Haltung entziehen würde?

PERRY RHODAN
(*unterbricht*)
Vermisst du es sehr?

SANTA
(*schnieft*)
... ja. Manchmal. Aber es ist ja nicht gänzlich vorbei. Ich glaube, es kommt sogar wieder in Schwung. So langsam blühen alte Bräuche auf der Erde wieder auf, und einige Siedlerwelten haben den Brauch nie aufgegeben.

PERRY RHODAN
Das hört sich doch gut an. Dann kannst du dem Ganzen wieder einen Sinn geben.

SANTA
(*verteidigend*)
Es ist ja nicht so, dass ich gar nichts zu tun hätte. Ich bin eigentlich recht gut ausgelastet.
(*schwenkt plötzlich um*)
Übrigens, danke für die Lieferung der neuen Antigravtechnik. Sie arbeitet ausgezeichnet.

PERRY RHODAN
Keine Ursache.

SANTA
(*schuldbewusst*)
Entschuldige, alter Freund. Ich habe mich vergessen und dich wie einen Mülleimer behandelt, allen alten Mist hineingeworfen. Dabei sollte es eigentlich umgekehrt sein, nicht wahr, haha?

PERRY RHODAN
So ist es ja auch.

SANTA
Hm. Ja. Du willst nicht reden, nur Schachspielen.

PERRY RHODAN
Es ist der einzige Abend im Jahr.

SANTA
Wenn du den Zeittransmitter benutzt.

PERRY RHODAN
Ich habe ihn immer benutzt, wie du weißt.

SANTA
Ja, weil du so das sichere Gefühl hast, nichts versäumen zu können. Ich muss übrigens gelegentlich mal die Batterien austauschen, sonst funktioniert er irgendwann nicht mehr, und das war's dann mit uns beiden.

PERRY RHODAN
(*alarmiert*)
Hast du welche dabei?

SANTA
(*entschuldigend*)
Äh … nein. Aber nächstes Mal denke ich dran, ich verspreche es!

PERRY RHODAN
(*beunruhigt*)
Du weißt, ich kann dich nicht erinnern.

SANTA
(*lacht*)
Keine Sorge, Perry. Ich habe dich nur auf den Arm genommen. Der Zeittransmitter funktioniert, solange du ihn brauchst.

PERRY RHODAN
(*erleichtert, aber auch umgehend wieder angespannt*)
Was heißt das nun wieder?

SANTA
Solange du nicht fähig bist, auch mal andere die Arbeit machen zu lassen und dich für einen Tag ganz offiziell von der Arbeit und der Verantwortung entschuldigst, ohne dich mit schlechtem Gewissen davonzuschleichen.

Pflichtbewusstsein ist gut und schön, aber selbst wir dürfen ab und zu auch einmal nur wir selbst sein. Abgelenkt, fern von allem …

PERRY RHODAN
(*unterbricht gelassen*)
Schach.

SANTA
(*starrt entgeistert auf das Brett*)
Was? Ja, ist das denn … ach, verflixt noch mal! Das darf doch einfach nicht wahr sein!

Was mache ich jetzt?

PERRY RHODAN
(*zuvorkommend*)
Deinen König in Sicherheit bringen, was sonst? Ich habe schließlich noch nicht Matt gesagt. Du kannst immer noch weitermachen.

SANTA
(*erleichtert*)
Ein Glück. Wäre ja gelacht, wenn ich nicht endlich mal gewinnen würde! Ich setze meinen Springer also hier ...

PERRY RHODAN
Matt.

SANTA
Jetzt warte doch mal! Anschließend ziehe ich nämlich …

PERRY RHODAN
Du ziehst nirgendwo hin. Ich sagte Matt. Schachmatt.

SANTA
Aber … du hast doch gerade gesagt, dass du es noch nicht gesagt hast!

PERRY RHODAN
Aber jetzt habe ich es gesagt.

SANTA
Das … das ist doch … das hast du gewusst, stimmt's?

PERRY RHODAN
(*grinst vergnügt*)
Klar. Kasparov war nun mal ein Genie.

SANTA
Was mache ich falsch?

PERRY RHODAN
(*auf einmal gelöst, fast heiter*)
Gar nichts, alter Freund. Du tust genau das Richtige.

Du bist intuitiv und unberechenbar, weder formell noch verstandesbeherrscht.

SANTA
Das pure Gegenteil zu dir.

PERRY RHODAN
(*will das nicht auf sich sitzen lassen*)
Immerhin nennt man mich den Sofort-Umschalter.

SANTA
(*wiegelt wütend ab*)
Keine Ausreden. Ich weiß, warum du mich jedes Jahr triffst!
So planst du deine neuen Strategien und löst verzweifelte Fragen. Ich inspiriere dich!
Ich fasse es nicht! Nicht einmal jetzt kannst du davon lassen!

PERRY RHODAN
(*versöhnlich*)
In erster Linie treffe ich einen alten Freund.

SANTA
(*aufrichtig erfreut*)
Wirklich?

PERRY RHODAN
Du bist der Einzige, der meinen Schmerz mit sich nehmen kann, wenigstens für eine Nacht.

SANTA
(*nun wieder gütig und überlegen, und gänzlich nüchtern*)
Und deine Angst und Sorge dazu.
(*lächelt*)
Du hast das Spiel ehrlich gewonnen, und der Handel gilt, wie jedes Jahr. Wie alt möchtest du diesmal sein?

PERRY RHODAN
Elf.
(*träumerisch*)
Ich weiß es noch ganz genau. Heute Abend kommt Zorro im Fernsehen.
Ich sitze geborgen zwischen meinen Eltern auf dem alten Sofa, und wir haben Chips und Popcorn, und ich nehme mir fest vor, auch so ein Held zu werden.

SANTA
Willst du das immer noch?

PERRY RHODAN
Ich wollte nie etwas anderes, Santa. Es ist alles so, wie es sein muss.

SANTA
(*lächelt zufrieden*)
Gut. Und wie ich dich kenne, weißt du jetzt einen Ausweg gegen die Tra… Trara…

PERRY RHODAN
(*abwesend*)
TRAITOR. Terminale Kolonne. Chaosmächte.

SANTA
(*winkt ab*)
Wie auch immer. Du wirst es schaffen, denn ich will nicht auf unseren Abend verzichten.

Und wenn ich dir helfen kann, tue ich alles, was ich vermag. Entspanne dich und sei ganz beruhigt.

Der Zeittransmitter bringt dich automatisch wieder zurück, in die richtige Zeit und an den richtigen Ort. Wie immer.

Ich wünsche dir eine wundervolle Nacht und gute Erholung.

PERRY RHODAN
(*lehnt sich zurück und schließt die Augen*)
Bis nächstes Jahr, Santa.

SANTA
(*erhebt sich, die Luft fängt an zu glitzern*)
Bis nächstes Jahr, Perry, mein alter Freund. Ich freue mich auf unser nächstes Spiel.

(*Licht aus*)

Bonus 2

Geister der SOL

Eine Geschichte aus dem PERRY-RHODAN-Universum

1304 NGZ.

Dunkelheit. Stille.

Durch den halb offenen Zugang – die Automatik war defekt – strömte metallischer Dunst heraus, begleitet von anderen Gerüchen: Moder, Staub, Feuchtigkeit …

… Abenteuer.

»Nun mach doch«, wisperte eine dünne Stimme durch die matte Dämmerung, und ein kleiner Schatten, nicht mehr als einen Meter groß, schubste einen zweiten, gleich großen Schatten nach vorn.

»He, nicht drängeln! Wieso gehst *du* denn nicht vor?«

»Alter vor Schönheit.«

»Ich bin gerade erst vier geworden, und du bist übrigens hässlich!«

»Du doch auch!«

»Gar nicht wahr!«

»Doch wahr!«

»*Fffsssshhhhh …*«, zischte es missbilligend aus dem halb offenstehenden Schott, und die beiden kleinen Gestalten fuhren erschrocken zusammen.

Eine dreifingrige, zarte Hand umklammerte die andere, und die Jugendlichen schmiegten sich aneinander. Ihre rosafarbenen Kopftentakel waren einander zugewandt.

»*Hojii*, Shoy«, wisperte der eine Mom'Serimer bibbernd. »Wir sollten uns verdrücken.«

»Nichts da, Basch«, kam es flatternd, aber tapfer zurück. »Wir haben uns dazu entschlossen und jetzt führen wir es durch.«

»Aber ich glaube, es will nicht, dass man es betritt.«

»Es ist nur ein Bereich des Schiffes. Nichts Besonderes!«

»Und warum ist dann der Zutritt verboten?«

»Wenn er verboten wäre, wieso ist der Zugang offen?«

Basch schwieg beeindruckt. Shoy hatte schon immer einen klareren Blick auf die Dinge gehabt und konnte viel besser argumentieren. Und an seiner Bemerkung war etwas dran, das ließ sich nicht von der Hand weisen.

Sie waren ja schon einige Male auf dem Weg hierher gewesen. Und jedes Mal hatten sie sich ein Stückchen näher herangewagt. Aber noch nie so weit wie heute.

Zu diesem unbekannten Bereich in dem gigantischen Hantelraumschiff, in dem die Mom'Serimer nur eine winzige Rolle spielten. Und eigentlich auch nur Gäste waren, mit unbekanntem Reiseziel.

Aber über diese Spitzfindigkeiten dachten die beiden Jugendlichen nicht nach, das überließen sie den Erwachsenen, wie dem Indoktrinato, dessen große Mandelaugen zumeist ziemlich böse funkelten, weil ihm niemand so wirklich zuhörte.

Zumindest Shoy und Basch nicht, denn es gab doch viel Interessanteres als diese öde Dauerlernerei.

Beispielsweise die Geheimnisse des teilweise zerstörten und weitgehend unzugänglichen Mittelteils der SOL, den sonst niemand wagte zu betreten. Oder zumindest so gut wie niemand, denn da gab es noch die Dookies, die *Schatztaucher*, über zwei Meter große, ungehobelte, haarlose Riesen, deren Aufgabe darin bestand, verborgene Aggregate, Artefakte und mehr zu suchen. Sie sollten gute Ingenieure sein, hieß es, aber sie konnten ungehalten werden, wenn man ihren Weg kreuzte. Deshalb achteten die beiden kleinen Mom'Serimer tunlichst darauf, ihnen nicht zu begegnen.

Aber es waren nicht nur die Geheimnisse, die die Jugendlichen immer wieder anlockten. In der Trümmerlandschaft des SOL-Flansches sollte es nämlich Gespenster geben, und finstere Unholde und groteske Maschinen, die sich aus vielen Teilen zusammengesetzt hatten und lebendig geworden waren.

Und außerdem jede Menge Schutt und Dreck und Gammel und sonstiges glibberiges Zeug, das man nicht an Bord eines hochtechnisierten Riesenraumers vermuten mochte.

In der Zentrale der Schiffsführung war natürlich alles perfekt sauber, strukturiert und durchorganisiert, keine Frage.

Das war bekannt. Und deshalb auch nicht von Belang für die beiden Abenteurer.

Die Kommandantin hatte vor einiger Zeit die Gruppe ihrer Lerneinheit zur Führung eingeladen, aber Shoy und Basch hatten rundheraus abgelehnt. Was interessierte sie die Führung durch die Zentraleinheit? Man drückte ein paar Knöpfchen oder Sensortasten, oder tauschte sich mit dem Bordgehirn aus, das ohnehin alles besser wusste. Geregelte Bahnen, straff organisiert. Wer wollte darüber *mehr* wissen?

Aber der Mittelteil, der bedeutete etwas. Die Kommandoführung tat so, als existierte er gar nicht. Klar, wer wollte hier schon aufräumen? Da traten doch sogar Roboter in Streik. Und die Dookies sorgten mit ihren Suchaktionen eher noch für mehr Chaos.

Die erwachsenen Mom'Serimer, allen voran der Indoktinatro, sahen sich ebenfalls nicht dazu veranlasst, die Fragen der Heranwachsenden zu beantworten. Also hatten Shoy und Basch, die verschworenen besten Freunde für immer, den Entschluss gefasst, sich selbst mal umzusehen. Dinge zu entdecken, von denen niemand wusste, nicht einmal die Dookies, und sich dort hinzuwagen, wo selbst Gespenster furchtsam wichen.

Mit der Zeit stellten sie jedoch fest, dass ein theoretischer Plan sich stark von der praktischen Ausführung unterschied. Das fing schon damit an, dass sie trotz vieler Anläufe den inneren Bereich der Trümmerlandschaft noch kein einziges Mal betreten hatten.

Bis auf heute.

»Willst du schon wieder kneifen, Basch?«, fügte Shoy hinzu und packte die Hand des Freundes so fest, dass der unter gar keinen Umständen abhauen konnte.

»Wieso *schon wieder*?«, empörte sich Basch, und seine Kopftentakel vibrierten. »Ich bin immer bei dir geblieben und dir gefolgt, wenn du abgehauen bist.«

»Wir wollen uns nicht mit Spitzfindigkeiten abgeben.« Shoys Tentakel verschränkten sich ineinander. »Das ist doch lächerlich.«

Basch ließ die Debatte damit auf sich beruhen, denn es gab Wichtigeres. »Also dann, gehen wir rein!«

»Jawohl. Wir gehen da jetzt rein.«

Gleichzeitig, der Spalt war für sie breit genug, schlüpften sie hindurch.

Und da standen sie dann.

»*Fffffssssssshhhhhh*«, fauchte es ihnen wiederum entgegen, und sie drängten sich erneut aneinander.

Ihre nachtsichtigen Augen machten Konturen in der Düsternis hinter dem Eingang aus, und ihr Geruchssinn nahm die Brise auf und ... schmeckte sie. Unglaublich aufregend, weil völlig fremd. Nichts Anheimelndes und Vertrautes lag darin, und es löste ein Kribbeln auf der Zunge aus.

Mit einem Ruck setzte Shoy sich in Bewegung, und Basch folgte ihm, ohne dass der Freund ihn mitziehen musste. Hand in Hand betraten sie das Mysterium.

Für ein nüchternes Gemüt mochte es nicht mehr als ein Haufen Schutt und Müll sein, überzogen von der Patina des Alters, voller Staub und durch undichte Leitungen gebildeter Schlamm.

Die beiden Jugendlichen jedoch standen atemlos da und staunten. Sie waren sehr klein, und alles, was sie umgab, war riesig.

Haushohe Aggregate, teilweise zu bizarren Formen verschmort, die an Hummler oder Seebes oder Raffrüssler erinnerten. Übereinander gestürzte Trümmer von Wänden und Kuben und Hüllenteilen, die, als wären sie Gefangene, von Kabelsträngen umschlungen wurden. Um daran gehindert zu werden, sich zusammenzusetzen, sich mit einem kurzgeschlossenen Funken Leben zu verschaffen und zu entkommen?

Es war eine Trümmerwelt, die roh und unfertig wirkte, als wäre gerade etwas im Aufbau gewesen, das vor der Vollendung in sich zusammengestürzt war. Vieles war durch große Hitzeeinwirkung zusammengebacken worden, zur Unkenntlichkeit entstellt, und es überstieg die Vorstellungskraft der Mom'Serimer, wofür das alles ursprünglich gedacht sein mochte.

»Toll, dass es noch ein bisschen Licht gibt«, stellte Shoy fest, während die beiden Abenteurer sich immer tiefer hineinwagten. Durch schmale Korridore, die sich manchmal zu weiten Plätzen öffneten.

»Damit sich die Gespenster nicht fürchten«, vermutete Basch und erhielt einen Tentakelstüber.

»Seit wann fürchten sich Gespenster?«

»Sie sind vielleicht nicht so nachtsichtig wie wir, und dann haben sie Angst vor der Dunkelheit. Was wissen wir schon über Gespenster?«

Das sah Shoy ein und wackelte zustimmend mit dem Kopf. Dann streckte er sich, winkte mit der freien Hand und öffnete die Augen ganz weit.

»He, ihr Gespenster!«, rief er.

»Spinnst du?«, keifte Basch, löste die Verbindung und boxte den Freund in den Arm. »Die können uns doch hören!«

»Genau das will ich ja!« Shoy ließ sich nicht beirren. »He, Gespenster, ihr braucht keine Angst zu haben! Wir sind ganz friedlich. Und außerdem sehr klein. Wir wollen uns nur ein wenig umsehen!«

»Und gleich rauscht mein Vater an und knödelt uns, bis wir grün statt rosa sind!«, seufzte Basch.

»Jetzt komm schon.« Shoy schien jegliche Angst verloren zu haben. Munter trippelte er voran, kreuz und quer, wie es ihm gerade in den Sinn kam und der Weg begehbar war.

Er brauchte sich nicht zu sorgen, sich zu verirren, Mom'Serimer verfügten über einen phänomenalen Orientierungssinn.

Genauso wie Basch wusste Shoy zu jedem Zeitpunkt genau, wo in diesem Chaos er sich aufhielt und wie er wieder zurückfand. Selbst wenn sich zwischendrin der Weg auf wundersame Weise ändern sollte.

»Das ist, glaube ich, der Grund, weshalb sich diese Terraner nicht hierher wagen«, wisperte Basch, als könnten sie mithören. »Für die muss das hier das reinste Labyrinth sein.«

»Die haben doch Ortungsgeräte.«

»Ich hab aber mal meinen Vater sagen hören, dass die hier nicht funktionieren. Alle Geräte sollen verrücktspielen. Nicht mal das Superbordhirn kommt hier durch.«

»Da siehst du es!« Shoy blieb stehen und blickte seinem Freund triumphierend ins Gesicht. »Wir sind denen *haushoch* überlegen.«

»Klein, aber oho.«

»Was heißt das nun wieder?«

»Weiß nicht, hat Papa in einem Text in der Bibliothek gefunden und zitiert ihn manchmal.«

»*Oho*. Ist das sowas wie *hojii*?«

»Glaub schon.«

Shoy wollte weitergehen, aber Basch packte ihn am Arm. »Hast du das gehört?«, wisperte er.

»Was denn?« Eine Sekunde später weiteten sich Shoys Augen und er formte lautlos ein *Oh …*

Es klopfte. Dabei gab es gar keine Tür, und auch sonst nichts, das dieses Geräusch erzeugen könnte. Das Metall verschluckte die meisten Geräusche, die Mom'Serimer hatten das unterwegs vorsichtig getestet.

Und noch einmal. Deutlich hallend, hölzern. *Klopf. Klopf. Klopf.*

Die beiden Jugendlichen sahen sich vorsichtig um.

»H-hallo?«, rief Shoy schließlich mit dünner Stimme.

»Das warst du«, wisperte Basch zitternd. »Du hast sie gerufen. Jetzt kommen sie.«

»Aber sie klopfen an.«

»Dann bitte sie doch herein.«

»Ja, bitte, nur herein!«, schmetterte Shoy prompt heraus, und Basch schlug die kleine Hand klatschend gegen die Stirn.

Und sie kamen.

Ein eisiger Wind schlug den Abenteurern entgegen, und zwischen den Teilen hindurchschwebend, mehrere Meter über dem Boden, näherten sich nebelartige Gestalten, entfernt humanoid, doch nicht mehr einem Volk zugehörig erkennbar.

Die Mom'Serimer hatten ohnehin Schwierigkeiten, Terraner, Arkoniden und wie die alle heißen mochten, auseinanderzuhalten, und entsprechend sahen für sie auch diese Gespenster alle gleich aus.

Nebulöser, weißlicher Dunst, der an den Rändern auseinanderfaserte, waberte heran, mit einer Ahnung von Gesichtern und Augen, die sich auf die Eindringlinge richteten.

»S-seid ihr die Gespenster?«, stotterte Basch.

»Wir sind die Geister«, drang es aus dem Gewaber, es war nicht erkennbar, welche dieser Nebelgestalten da sprach, oder ob es nur ein Hall in den Köpfen der Jugendlichen war.

Es wurden immer mehr, Hunderte mochten es inzwischen sein. »Wir sind die Geister der SOL. Erinnerungen der Jahrtausende, die das Schiff schon durch das Universum reist, und der Wandlungen, die es durchlebt hat.«

»Ich hoffe, wir haben euch nicht gestört«, sagte Shoy höflich. »Bei … na ja … was Geister halt so machen.«

»Aber keineswegs.« Es klang amüsiert. »Ihr seid sehr tapfer, dass ihr euch nicht vor uns fürchtet.«

»Ihr seid nur Erinnerungen, das habt ihr selbst gesagt«, platzte Basch heraus. »Und außerdem wie Nebel, der kann einen nicht greifen.«

»Dann passt mal gut auf.«

Ein Schaben, Knirschen, Stöhnen und Kreischen setzte um die Abenteurer herum ein, und sie drängten sich nun doch wieder zitternd aneinander, als sich aus der Trümmerlandschaft langsam etwas erhob, ein verschlungenes *Ding* aus Metallstücken, Kabeln, Schrauben, Nieten und unbekannten Komponenten.

Doch falls die Geister, oder Erinnerungen, oder Gespenster, was immer diese Erscheinungen sein mochten, geglaubt hatten, die beiden Jugendlichen damit in die Flucht schlagen zu können, sahen sie sich getäuscht.

Obwohl sie beide am ganzen Leib schlotterten, starrten sie fasziniert auf das Ungetüm, das sich knirschend in Bewegung setzte und nun sogar so etwas wie Arme ausbildete, die es nach ihnen ausstreckte, dabei so etwas wie Greifzangen ausbildete.

»Das ist toll!«, rief Shoy und verharrte wie angewurzelt, so wie Basch.

Genau wie Basch auch hatte er blitzschnell errechnet, dass diese Arme nicht bis zu ihnen reichen würden, und dass zu viele Trümmer das Fortkommen dieses Maschinenmonstrums behinderten. Für die Flucht bliebe ihnen also genug Zeit.

Die Geister rückten näher heran.

»Ihr fürchtet euch immer noch nicht?,« hauchte es von verschiedenen Seiten.

»Nö«, antwortete Basch lässig. »Warum denn? Ihr wollt uns doch gar nichts tun. Sonst hättet ihr es schon längst getan.«

»Ihr seid ein Teil der *Seele* der SOL«, dozierte Shoy altklug. »Ja, ich passe nämlich durchaus auf, was man uns lehrt. Und damit seid ihr etwas *Gutes*.«

Leises Lachen schallte durch das Halbdunkel.

Den Jugendlichen wurde auf einmal schwindlig, und alles drehte sich um sie.

Shoy fuhr hoch und sah sich verwirrt um. Neben ihm lag Basch, und vor ihnen erhob sich das halb geöffnete Schott.

Er rüttelte an der Schulter seines besten Freundes für immer. »Basch, wach auf!«

Der junge Mom'Serimer schlug die Augen auf und blinzelte erstaunt. Langsam setzte er sich auf. »Was ist passiert?«

»Ich weiß nicht. Sind wir nicht hineingegangen?«

»Da waren Gespenster ...«

»Und ein Monstrum.«

Sie sahen sich an. »Unmöglich, dass wir beide gleichzeitig denselben Traum haben, und zwar genau hier!«, sprach Shoy aus, was beide dachten.

Basch stand auf und klopfte sich den Staub ab. »Wenn wir das nächste Mal herkommen, können wir es ja herausfinden.«

»Du willst es also nochmal versuchen?«

»Klar, das war doch großartig, oder? Wir wissen jetzt, dass einige Gerüchte wahr sind, und wir sollten mehr darüber herausfinden.«

»Und wieso gehen wir nicht gleich wieder rein?«, wollte Shoy wissen.

Basch grinste, und sie sprachen es gleichzeitig aus: »Der Indoktrinato!«

Sie hatten lange genug geschwänzt. Es wurde Zeit zurückzukehren, bevor die Eltern davon Wind bekamen und es Ärger ohne Ende gab. Samt Arrest.

Als sie sich auf den Rückweg machten, stolperte Shoy über etwas, das vorher ganz sicher *nicht* dagelegen hatte.

Es war nichts weiter als eine unscheinbare kleine Tafel.

»Was ist das?«, flüsterte Basch aufgeregt.

Shoy blies den Staub von der Tafel und hielt sie hoch. »Das ist Interkosmo«, sagte er. »Kannst du das lesen?«

»Nicht auf Anhieb«, gestand Basch. »Darin hab ich eher wenig Übung.«

»Ist ja auch egal«, setzte Shoy den Schlusspunkt. »Das finden wir leicht raus. Fest steht, die Geister haben sie uns geschenkt. Das ist das erste, aber nicht letzte Stück unseres Schatzes, den wir noch finden werden!«

Bibliographie

Der chinesische Weihnachtsmann: Heyne 1991 (in: Frohes Fest!, Hg. Uwe Luserke/Wolfgang Jeschke).

Die eintausendneunhundertneunundneunzigste Weihnacht: Verfasst 1998, bisher unveröffentlicht, sondern auf diversen weihnachtlichen Lesungen privat und öffentlich vorgetragen.

Niklastag: Verfasst 1992, auf der Festplatte wiedergefunden und nun veröffentlicht.

Zwölfnacht: veröffentlicht als *Sturmnacht,* dtv galleria 2005, (in: Drachennächte, Hg. Roman Sander).

Rattenfeuer:
1. Fabylon 1989 (in: HADES).
2. Heyne allg. Reihe 1993, (in: RATTEN, Hg. Joachim Körber).

Faschingszeit: verfasst 1989, veröffentlicht dtv 1994 (in: Teufelsweiber, Hg. Birgit&Uwe Luserke).

Morphyr: Bericht 1 wurde in Tschechien veröffentlicht. (Der Wald meiner Träume) Suma mojih snova, Zagrebacka naklada 2005, (in: (Wege ins Licht) Naslov Izvornika, Hg. Roman Sander.
Bericht 2 ist die Erstveröffentlichung.

Das Kochduell: UBV, 2015 (in: Die kleinen Köche, Hg Ann-Kathrin Karschnik/Diana Kinne).

Charly: Das große Reader's Digest Jugendbuch, 2006

Schach und Vanillekipferl: Dieses Weihnachtsspiel wurde für das Weihnachtstreffen des Perry-Rhodan-Stammtischs »Ernst Ellert« München geschrieben und aufgeführt im Dezember 2006, in den Hauptrollen Dieter »Dida« Wengenmayr als Santa und Stefan Friedrich als Perry Rhodan. Mehr zum Stammtisch: https://www.prsm.clark-darlton.de.

Geister der SOL: Basch und Shoy haben ihren ersten Auftritt in dem von mir verfassten PR-Roman 2108, »Samahos Erbe« im Jahr 2002, wo sie auf dem Cover abgebildet sind. Mom'Serimer sind quirlige kleine Wesen – sie werden nur etwa 20 Menschenjahre alt – mit rosafarbener Haut und Kopftentakeln. Sie sind friedlich, freundlich und neugierig. Diese Kurzgeschichte, die sozusagen eine Vorgeschichte zu o.g. Roman darstellt, wurde exklusiv für die SOL 75 (Ausgabe 7/2014) verfasst, dem Magazin der Perry-Rhodan-Fanzentrale. Mehr über die Mom'Serimer: https://www.perrypedia.de/wiki/Hauptseite. Mehr über die Fanzentrale: https://www.prfz.info.